（第4辑）

宋词

文景 编著

中国人口出版社
China Population Publishing House
全国百佳出版单位

前言

词是中国诗歌体裁的一种，起初称“曲子词”，后又称“乐府”、“长短句”和“诗余”等，其产生可追溯到隋唐时期的燕乐，是配乐可唱的歌辞，后脱离音乐，晚唐时逐渐发展成一种独立的新诗体，至宋代成为文学主流。形式上，每首词都有一个曲牌名称，叫“词牌”，规定这首词的字数、句数和声韵。词牌和词的内容并无联系，所以词牌下往往另立标题。根据篇幅长短，词可以分为小令（58字以内）、中调（59～90字）和长调（91字以上，最长可达240字）。

进入宋代，词的创作蔚为大观，涌现出大批成就突出的词人，名篇佳作层出不穷，并形成各种风格和流派。《全宋词》共收录1300多位作者的近两万首词作，上自深宫大院，下至勾栏瓦肆，作者遍布社会各个阶层；词成为当时社会普遍接受的艺术形式，是人们抒发胸臆倾诉心曲的窗口，其题材丰富，内容广泛，或吟咏自然之美，或表述离情别绪，或描绘风物人情，或抒发豪情壮志，或表达爱国热情，篇篇韵味无穷，值得反复吟诵。

本书精选150余首宋词，收入宋代主要词作家的代表性作品，同时兼顾各种流派和风格。为方便阅读，我们对本书进行了精心编排：原词加注拼音，方便吟咏诵读；作者简介和注释便于了解作者情况和扫除阅读障碍；解说包括译文和点评两部分，帮助读者领悟宋词的优美意境和内在丰富情感。

词之美，美在意境。画是词之解，词为画之注，尤其值得注意的是，本书所选插图为历代名家所绘宋词意境图，画面精美，意境深远，词意与画境相得益彰，明月清风、池塘荷露、高楼井栏、绿杨垂柳一一呈现，为读者带来赏心悦目的视觉享受，拓展了无尽的想象空间。小朋友如果从小诵读宋词，不仅有利于陶冶情操，还可以开阔视野，增长知识，并对涵养性情、提高文学修养具有积极的意义。千年风霜纵是无情，但词人的感情依旧生动，就让我们一同品味词作的绝妙意境，享受与词人只可意会的心有灵犀吧！

目录 CONTENTS

宋钧窑玫瑰紫釉葵花式花盆

宋当阳峪窑剔划花

宋哥窑贯耳瓷瓶

宋耀州窑青釉刻花瓶

宋海船纹铜镜

宋定窑白釉孩儿枕

宋龟鹤齐寿花钱

宋耀州窑青釉剔花倒装壶

宋龟鹤仙人纹镜

宋大观通宝铜钱

宋钧窑月白釉出戟尊

作者简介

王禹偁（954~1001）：北宋文学家，字元之，济州巨野（今属山东）人。宋太宗太平兴国进士，直言敢谏，数遭贬谪。反对宋初华靡文风，提倡平易朴素，所作诗文多涉及当时政治现实。有《小畜集》、《小畜外集》等。

diǎn jiàng chún

点绛唇

王禹偁

yǔ hèn yún chóu, jiāng nán yī jiù chēng jiā lì. shuǐ cūn yú shì, yì lǚ gū yān xì.
雨恨云愁，江南依旧称佳丽❶。水村渔市，一缕孤烟细。

tiān jì zhēng hóng, yáo rèn háng rú zhuì. píng shēng shì, cǐ shí níng dì, shuí huì píng lán yì!
天际征鸿❷，遥认行如缀❸。平生事❹，此时凝睇❺，谁会凭栏意！

佚名绘《烟波水村图》

注释

❶佳丽：风景美丽。❷征鸿：远飞的大雁。❸行如缀：排列成行，像联缀在一起。❹平生事：指平生志向。❺凝睇：凝神注视。

解说

尽管雨含绵绵恨意，云积层层忧愁，但江南依旧风景美丽。宁静的水乡渔村，升起一缕淡淡的炊烟。

遥望天边，北飞的大雁排列成行，首尾相连。想起一生的功名事业，此时凝望，感慨万千，谁又能理解我此时的心情呢？

这首词以清丽的笔调，描绘江南雨景，并借飞雁抒发情怀，含蓄地表达了词人不能施展抱负和不被别人理解的苦闷心情。

作者简介 潘阆（？~1009）：北宋诗人，字梦空，号逍遥子，大名（今属河北）人。至道间赐进士及第，真宗时为滁州参军。诗学晚唐体，以五律居多，诗风清浅孤峭，少雕琢。著有《逍遥集》。

jiǔ quán zǐ

酒泉子

潘　阆

cháng yì guān cháo　mǎn guō rén zhēng jiāng shàng wàng　lái
长忆观潮❶，满郭人争江上望❷。来
yí cāng hǎi jìn chéng kōng　wàn miàn gǔ shēng zhōng
疑沧海尽成空❸，万面鼓声中❹。

nòng cháo ér xiàng tāo tóu lì　shǒu bǎ hóng qí qí bù shī　bié
弄潮儿向涛头立❺，手把红旗旗不湿。别
lái jǐ xiàng mèng zhōng kàn　mèng jué shàng xīn hán
来几向梦中看，梦觉尚心寒❻。

注释

❶观潮：钱塘江大潮极为壮观，每年尤以夏历八月十八日为最盛。❷满郭：全城。❸来疑：潮水袭来时简直觉得。❹万面鼓声：形容怒涛的轰响。❺弄潮儿：指敢于在浪尖嬉戏游泳的人。❻觉：醒来。

清袁江绘《观潮图》

解说

常常回忆起观看钱塘江大潮的盛况，全城的人都争着去江边眺望。潮水排山倒海而来，简直让人觉得大海里的水都被倾倒出来，那隆隆的涛声，又好像是万面战鼓同时擂响。

弄潮儿面向潮头挺立，出没于惊涛骇浪中，手举红旗，而红旗却一点儿也没被沾湿。离开杭州后，我多次梦到这一惊险场面，梦醒后还心有余悸。

这是一首写回忆观潮盛况的名作。上片回忆观潮，用比喻、夸张等手法，渲染潮水排山倒海般的气势；下片回忆弄潮，描绘弄潮儿的矫健身姿和高超技艺，表现人与风浪搏斗的无畏精神。

清人绘《历代名臣像解》中的寇准画像

作者简介

寇准（961~1023）：北宋政治家。字平仲，华州下邽（今陕西渭南北）人，宋太宗太平兴国进士，淳化五年任参知政事，景德元年拜相，颇敢直谏。主张抗辽，促使真宗赴澶渊督战，与辽订立澶渊之盟。后被罢相，数次起伏，最后被贬至雷州，卒于贬所。有《寇莱公集》。

jiāng nán chūn

江南春

寇准

bō miǎo miǎo　liǔ yī yī　gū cūn fāng cǎo yuǎn　xié rì xìng

波渺渺❶，柳依依❷。孤村芳草远，斜日杏

huā fēi　jiāng nán chūn jìn lí cháng duàn　pín mǎn tīng zhōu rén wèi guī

花飞❸。江南春尽离肠断，蘋满汀洲人未归❹。

注释

❶渺渺：水面辽阔的样子。❷依依：形容树枝柔弱，随风摇摆。❸斜日：太阳偏西。❹蘋：又叫田字草，是生长在浅水中的蕨类植物。古代女子有采蘋花赠情人的风俗。汀洲：水中的陆地。

清冷枚绘《仕女图》

解说

江上烟波浩渺，岸边杨柳依依。孤寂的村边，绵绵芳草延伸到遥远的天边，在夕阳的照映下，杏花纷纷飘落。江南的春天已经结束，离别的愁绪让人肝肠寸断。汀洲上开满蘋花，可那离家在外的人还没有回来。

这是写女子春日怀念情人的作品，词作充满传统诗词的意象，前四句写景，后两句写情，景中有情，情中有景，既清丽婉转，柔情似水，又饶有韵味，十分感人。

清人绘《历代名臣像解》中的林逋画像

作者简介

林逋（967~1029）：北宋诗人。字君复，钱塘（今浙江杭州）人。性恬淡，隐居西湖孤山，种梅养鹤，不娶不仕，故有“梅妻鹤子”之称。其诗风格淡远，内容多反映隐逸生活和闲适心情。有《林和靖诗集》。

长相思（cháng xiāng sī）

林 逋

吴山青（wú shān qīng），越山青❶（yuè shān qīng）。两岸青山相送迎❷（liǎng àn qīng shān xiāng sòng yíng），谁知离别情（shuí zhī lí bié qíng）？

君泪盈❸（jūn lèi yíng），妾泪盈❹（qiè lèi yíng）。罗带同心结未成❺（luó dài tóng xīn jié wèi chéng），江头潮已平（jiāng tóu cháo yǐ píng）。

明文伯仁绘《秋浦送别图》（局部）

注释

❶吴山、越山：泛指今浙江杭州钱塘江两岸的山。春秋时江北属吴国，江南属越国。❷送迎：送行。❸君：您，尊称对方。❹妾：女子自称。❺罗带：丝织成的带子。同心结：用罗带打成“心”形的结，作为两心相印的信物。

解说

吴山青青，越山青青。两座青山相对，迎送着往来的行人，但他们有谁能够理解与情人离别时的痛苦之情呢？

你泪水盈盈，我也泪水盈盈。我们心心相印，却不能永远相随，而江边的潮水已经涨满，船儿就要起程了。

这首词描写一对男女婚姻受阻，在江边诀别的场景。作者采用反复咏叹的手法，通过拟人的方式反衬离别之情，从而使整首词质朴清新，情深韵美，具有独特的艺术效果。

清殿藏本范仲淹画像

作者简介

范仲淹（989~1052）：北宋政治家、文学家。字希文，苏州吴县（今江苏苏州）人。大中祥符进士，有敢言之名。庆历年间执行新政，因保守派反对而不能实现。工于诗词散文，所作文章富于政治内容，《岳阳楼记》为千古名篇。有《范文正公集》传世。

sū mù zhē
苏幕遮

范仲淹

bì yún tiān huáng yè dì qiū sè lián bō bō shàng hán yān cuì
碧云天，黄叶地，秋色连波，波上寒烟翠。
shān yìng xié yáng tiān jiē shuǐ
山映斜阳天接水❶。
fāng cǎo wú qíng gèng zài xié yáng wài
芳草无情，更在斜阳外。

àn xiāng hún zhuī lǚ sī
黯乡魂❷，追旅思❸，
yè yè chú fēi hǎo mèng liú rén shuì
夜夜除非，好梦留人睡。
míng yuè lóu gāo xiū dú yǐ jiǔ rù chóu cháng
明月楼高休独倚。酒入愁肠，
huà zuò xiāng sī lèi
化作相思泪。

清吴石仙绘《深谷锁寒烟》

注释

❶山映斜阳：斜阳映射在山头。❷黯乡魂：因思念家乡而黯然神伤。❸追旅思：羁旅的愁绪重叠相续。

解说

天上飘着白云，地上洒满黄叶，秋色连着秋水，水面上笼罩着一层翠绿的寒烟。斜阳照着山头，天空和秋水相连。芳草全无一点情感，一直蔓延到斜阳映射不到的天边。

我因思念家乡而黯然神伤，羁旅的愁绪连续不断，除非每夜做着回乡的好梦才能让我安睡。皓月当空之时，千万不要登上高楼独自远望。借酒浇愁，酒入愁肠，都化作了相思的泪水。

这首词抒写久居他乡的乡思愁情。上片先写寥廓多彩的秋色，后由芳草过渡到乡思离情；下片由景生情，写出乡思离愁的深重。全词意境开阔，写景抒情浑然一体，别有一股清朗刚健之气，浓浓的思乡之情真挚而深沉。

清查士标绘《秋林黄叶图》

yú jiā ào
渔家傲

范仲淹

sài xià qiū lái fēng jǐng yì héng yáng yàn qù wú liú yì sì
塞下秋来风景异❶，衡阳雁去无留意❷。四

miàn biān shēng lián jiǎo qǐ qiān zhàng lǐ cháng yān luò rì gū chéng bì
面边声连角起❸。千嶂里，长烟落日孤城闭。

zhuó jiǔ yì bēi jiā wàn lǐ yān rán wèi lè guī wú jì qiāng guǎn
浊酒一杯家万里，燕然未勒归无计❹。羌管

yōu yōu shuāng mǎn dì rén bú mèi jiāng jūn bái fà zhēng fū lèi
悠悠霜满地❺。人不寐，将军白发征夫泪❻。

注释

❶塞下：边塞、边地。❷衡阳雁去：传说秋冬之际，北雁南飞到湖南衡阳的衡山回雁峰而止。❸边声：边塞上的风吼弓鸣、人喊马嘶、笳吹鼓擂等悲凉之声。角：号角，古代军中的乐器。❹燕然未勒：东汉窦宪带兵出击匈奴，登燕然山，刻石记功而还。勒，刻。这里指敌虏未灭，大功未成。❺羌管：羌笛，发声凄切。❻寐：睡。征夫：指士兵。

明汪氏辑《诗余画谱》中的范仲淹《渔家傲》（塞下秋来风景异）词意图

解说

边塞的秋天景色与内地不同，南归的大雁向衡阳飞去，没有一丝留恋之意。城头上号角吹动，四面的悲凉之声随之而起。在层层的山峦环抱之中，落日照着紧闭的边城，股股烽烟直上云天。

举起一杯浊酒，想起万里之外的家乡；然而还没有像窦宪那样登上燕然山刻石记功，怎么能这样班师回朝呢？羌笛悠悠，霜落满地。不眠的边塞之夜，只看见将军的白发和士兵们的泪水。

这是一首描写边塞将士生活的词。上片写边塞的荒凉景象，下片抒发思乡而不能回的情怀。全词格调苍凉悲壮，既有浓厚的乡思和久戍边塞的苦闷，也有戍边卫国的责任感和浓浓的爱国之情。

作者简介

柳永（约987~约1053）：北宋词人。原名三变，字景庄，后改名永，字耆卿，崇安（今福建武夷山）人。为人放荡不羁，终身潦倒。其词多描绘城市风光和歌妓生活，尤长于抒写羁旅行役之情。铺叙刻画，情景交融，语言通俗，音律谐婉，在当时流传很广，对宋词发展有一定影响。有《乐章集》。

dié liàn huā

蝶恋花

柳 永

zhù yǐ wēi lóu fēng xì xì wàng jí chūn chóu àn àn shēng tiān jì
伫倚危楼风细细❶，望极春愁，黯黯生天际❷。
cǎo sè yān guāng cán zhào lǐ wú yán shuí huì píng lán yì
草色烟光残照里，无言谁会凭阑意❸？
nǐ bǎ shū kuáng tú yí zuì duì jiǔ dāng gē qiǎng lè hái wú wèi
拟把疏狂图一醉❹，对酒当歌，强乐还无味❺。
yī dài jiàn kuān zhōng bù huǐ wèi yī xiāo dé rén qiáo cuì
衣带渐宽终不悔❻，为伊消得人憔悴❼。

注释

❶伫：久立。危楼：高楼。❷黯黯：沮丧、伤感的样子。❸会：理会，理解。❹拟：打算。疏狂：放纵。❺强乐：勉强作乐。❻衣带渐宽：表示人逐渐消瘦，衣带也随着宽松。❼伊：她。消得：值得。

近代溥儒绘《登楼望隐君》（局部）

解说

倚着高楼久久站立，微风轻拂，极目远望，满眼春愁，浓浓的伤感仿佛来自天际。夕阳里，草色像是笼罩着轻烟，我默默无言，谁又会理解我此时的心情呢？

打算用昏醉狂放排解愁闷，对着美酒纵情高歌，可这样的强作欢乐，一点儿滋味也没有。眼看一天天地消瘦下去，却不后悔，就是为她憔悴也值得。

这是一首写离别之情和怀念远方故人的词。作者把漂泊异乡的落魄感受同怀恋意中人的情思结合在一起，抒情写景，感情真挚。“衣带渐宽终不悔，为伊消得人憔悴”是千古传诵的名句。

yǔ lín líng
雨霖铃

柳 永

hán chán qī qiè duì cháng tíng wǎn zhòu yǔ chū xiē dū
寒蝉凄切❶，对长亭晚，骤雨初歇❷。都
mén zhàng yǐn wú xù liú liàn chù lán zhōu cuī fā zhí shǒu xiāng
门帐饮无绪❸，留恋处、兰舟催发❹。执手相
kàn lèi yǎn jìng wú yǔ níng yē niàn qù qù qiān lǐ yān bō mù
看泪眼，竟无语凝噎❺。念去去、千里烟波，暮
ǎi chénchén chǔ tiān kuò
霭沉沉楚天阔❻。

duō qíng zì gǔ shāng lí bié gèng nǎ kān lěng luò qīng qiū jié
多情自古伤离别，更那堪、冷落清秋节❼。
jīn xiāo jiǔ xǐng hé chù yáng liǔ àn xiǎo fēng cán yuè cǐ qù jīng nián
今宵酒醒何处？杨柳岸、晓风残月。此去经年❽，
yīng shì liáng chén hǎo jǐng xū shè biàn zòng yǒu qiān zhǒng fēng qíng
应是良辰好景虚设❾。便纵有千种风情❿，
gèng yǔ hé rén shuō
更与何人说？

清费丹旭绘柳永《雨霖铃》“杨柳岸晓风残月”词意图（局部）

注释

❶寒蝉：秋蝉。❷骤雨初歇：大雨刚停。❸都门帐饮：在京城郊外张设帐幕宴饮饯别。无绪：没有欢乐的情绪。❹兰舟：船的美称。❺凝噎：哽咽。❻暮霭：傍晚的云气。楚天：古时长江中下游一带属楚国，所以称南方的天空为楚天。❼那：同“哪”。❽经年：年复一年。❾虚设：不复存在。❿风情：情怀，情意。

清王素绘柳永《雨霖铃》“杨柳岸晓风残月”词意图

解说

秋蝉凄切地鸣叫，大雨刚停，傍晚时分你我在长亭话别。面对郊外饯行的酒宴，心绪混乱，正在留恋不舍时，航船已在催着出发。我们手牵着手相互凝望，泪水已模糊双眼，本来有许多话要说，竟哽咽着说不出来。想到这一次远离，船行千里烟波浩渺，南方辽阔的天空暮霭沉沉。

明汪氏辑《诗余画谱》中的柳永《雨霖铃》（寒蝉凄切）词意图

多情的人自古以来分别时最是伤心，更何况在这萧索冷落的清秋时节。今晚酒醒之后我会在何处？该是那晨风吹拂、月亮将隐的杨柳岸边。我这一走，年复一年，虽有良辰美景，也是形同虚设。纵使有万般情怀，又能向谁倾诉呢？

这是一首写恋人的话别之作。全词以秋景渲染离别之情，情景交融，哀婉凄恻，委婉地表达了缠绵的离别之情，读来令人伤感。

wàng hǎi cháo
望海潮

柳 永

dōng nán xíng shèng sān wú dū huì qián táng zì gǔ fán huá
东南形胜，三吴都会[1]，钱塘自古繁华[2]。
yān liǔ huà qiáo fēng lián cuì mù cēn cī shí wàn rén jiā yún shù
烟柳画桥，风帘翠幕[3]，参差十万人家[4]。云树
rào dī shā nù tāo juǎn shuāng xuě tiān qiàn wú yá shì liè zhū
绕堤沙[5]。怒涛卷霜雪，天堑无涯[6]。市列珠
jī hù yíng luó qǐ jìng háo shē
玑[7]，户盈罗绮，竞豪奢。

chóng hú dié yǎn qīng jiā yǒu sān qiū guì zǐ shí lǐ hé
重湖叠巘清嘉[8]。有三秋桂子[9]，十里荷
huā qiāng guǎn nòng qíng líng gē fàn yè xī xī diào sǒu lián wá
花。羌管弄晴，菱歌泛夜，嬉嬉钓叟莲娃[10]。
qiān qí yōng gāo yá chéng zuì tīng xiāo gǔ yín shǎng yān xiá yì
千骑拥高牙[11]。乘醉听箫鼓，吟赏烟霞[12]。异
rì tú jiāng hǎo jǐng guī qù fèng chí kuā
日图将好景[13]，归去凤池夸[14]。

南宋李嵩绘《西湖图卷》

清钱维城绘《西湖三十二景图》之《曲院风荷》

注释

❶三吴：旧指吴兴、吴郡、会稽，包括现在的苏南和浙江。❷钱塘：今杭州市。❸风帘翠幕：挡风的帘子，翠绿色的帷幕。❹参差：高高低低，层层叠叠。❺云树：树木茂盛密集如云。堤沙：指钱塘江堤。❻天堑：天然壕沟，指钱塘江。❼珠玑：泛指各种珍宝。❽重湖：指西湖被湖中的白堤分割为里湖和外湖，故称重湖。叠巘：重叠的山峰。清嘉：清秀美丽。❾三秋：秋季的第三个月，指深秋。❿嬉嬉：嬉笑玩乐。莲娃：采莲女子。⓫高牙：高扬的军旗。此指大官出行的仪仗。⓬烟霞：代指秀美的山光水色。⓭图将：描绘出来。⓮凤池：即凤凰池，原是皇帝禁苑中的池沼，代指朝廷。

解说

杭州地处东南，地形优越，是古代三吴的大都市，自古以来就以繁华著称。城中杨柳如烟，河桥如画，到处挂着挡风的帘子和翠绿的帷幕，房屋高低错落，居住着十万户人家。如云的树木环绕江堤沙岸。汹涌的波涛卷起白如霜雪的浪花，钱塘江面宽阔无边。街市上陈列着各种珍宝，家家摆满绫罗绸缎，似乎在竞相夸耀豪华和富有。

西湖的内湖和外湖与层层叠叠的山峰清秀美丽。深秋有盛开的桂花，夏天有满湖的荷花。晴天时乐声悠扬，夜晚采菱的歌声嘹亮，垂钓的老翁和采莲的姑娘都嬉笑尽欢。众多随从簇拥着长官。乘着酒兴欣赏音乐，在美丽的山光水色中吟诗作赋。改日可以把这美景描绘下来，回京时献给朝廷，一定会大受夸奖。

南宋夏炎绘《钱塘秋潮图》

这首词用夸张的手法、对仗工整的语句，描写杭州的繁华和西湖美景，渲染出杭州的富庶和西湖的秀丽，仿佛在读者面前展示出一幅雄伟壮丽的历史画卷。

bā shēng gān zhōu
八声甘州

柳　永

duì xiāo xiāo mù yǔ sǎ jiāng tiān yì fān xǐ qīng qiū jiàn
对潇潇暮雨洒江天[1]，一番洗清秋[2]。渐

shuāng fēng qī jǐn guān hé lěng luò cán zhào dāng lóu shì chù
霜风凄紧[3]，关河冷落[4]，残照当楼。是处

hóng shuāi cuì jiǎn rǎn rǎn wù huá xiū wéi yǒu cháng jiāng shuǐ wú
红衰翠减[5]，苒苒物华休[6]。惟有长江水，无

yǔ dōng liú
语东流。

bù rěn dēng gāo lín yuǎn wàng gù xiāng miǎo miǎo guī sī nán
不忍登高临远，望故乡渺邈[7]，归思难

shōu tàn nián lái zōng jì hé shì kǔ yān liú xiǎng jiā rén zhuāng
收[8]。叹年来踪迹，何事苦淹留[9]？想佳人、妆

lóu yóng wàng wù jǐ huí tiān jì shí guī zhōu zěn zhī wǒ yǐ lán
楼颙望[10]，误几回、天际识归舟。争知我、倚栏

gān chù zhèng nèn níng chóu
干处[11]，正恁凝愁[12]！

南宋夏圭绘《长江万里图》（局部）

清吴石仙绘《秋山暮霜图》

注释

❶潇潇：雨势急骤的样子。❷清秋：清朗的秋天景象。❸凄紧：寒意强烈逼人。❹关河：山河。❺是处：到处，处处。红衰翠减：红花凋零，绿叶枯黄。❻苒苒：渐渐。物华休：美丽的景物凋零。❼渺邈：遥远。❽归思难收：归家的念头难以抑制。❾淹留：久留。❿颙望：凝望。⓫争：怎么。⓬恁：如此。凝愁：愁思郁结难解。

解说

傍晚时分，面对潇潇秋雨洒遍大江，冲洗出一番清朗的秋天景象。渐渐地，寒风凉气逼人，山河冷落萧条，夕阳的余晖照在楼头。处处花儿凋零，绿叶枯黄，美好的景物逐渐凋败。只有滔滔长江水，默默无语地向东奔流。

实在不忍心登高远望，只因故乡在遥远的天边，归家的思绪难以排遣。可叹多年来踪迹不定，何苦在他乡漂泊久留？想到心中的佳人，一定也在梳妆楼上凝神久望，多少次误以为天边的船帆就是载着我的归舟。她怎么知道我此时正独倚栏杆，难解百般忧愁呢！

这是一首写秋日离思的名篇。上片以写景为主，写景及情；下片抒情，引发思归之情。全词意境寥廓，气势磅礴，表达了作者对故乡和亲人的深深思念之情。

清王素绘《仕女图》

作者简介 张先（990~1078）：北宋词人。字子野，乌程（今浙江湖州）人。天圣进士，官至都官郎中。其词大多描写诗酒生活和男女之情，对都会生活也有反映。词风清婉，语言工巧。今存《张子野词》。

qīng mén yǐn
青门引

张　先

zhà nuǎn hái qīng lěng　fēng yǔ wǎn lái fāng dìng　tíng xuān jì
乍暖还轻冷❶，风雨晚来方定❷。庭轩寂

mò jìn qīng míng　cán huā zhòng jiǔ　yòu shì qù nián bìng
寞近清明❸，残花中酒❹，又是去年病。

lóu tóu huà jiǎo fēng chuī xǐng　rù yè chóng mén jìng　nǎ kān gèng
楼头画角风吹醒❺，入夜重门静。那堪更

bèi míng yuè　gé qiáng sòng guò qiū qiān yǐng
被明月❻，隔墙送过秋千影。

注释

❶乍暖：天气突然变暖。❷方定：才停。❸庭轩：庭院和走廊。清明：节气名，约在每年四月五日或六日。❹中酒：喝醉了酒。❺楼头：指谯楼，城门上可以眺望的高楼。画角：古代彩绘的军号。❻那堪：怎能忍受。

清陈枚绘《月曼清游图册》之《杨柳荡千》

解说

天气忽然转暖，但还有些寒意，凄风冷雨直到傍晚才停。庭院和走廊寂寞清冷，又快到清明时节，面对残花，我喝醉了酒，还是跟去年一样的老毛病。

城楼上号角响起，风儿吹来把我惊醒，夜来庭院重门紧闭，寂静无声。哪能忍受月光居然把秋千的影子隔墙送了过来，心绪更为之触动。

这是一首暮春伤情之作。通过描写风雨初定的黄昏到月明之夜的景色，以及触景伤情的孤独感，抒发了残春时节萧索落寞的情怀。全词语言清丽，顿挫有致，情调悲凉，情景交融。

tiān xiān zǐ

天仙子

张 先

shuǐ diào shù shēng chí jiǔ tīng wǔ zuì xǐng lái chóu wèi xǐng

《水调》数声持酒听❶，午醉醒来愁未醒❷。

sòng chūn chūn qù jǐ shí huí lín wǎn jìng shāng liú jǐng

送春春去几时回？临晚镜❸，伤流景❹，

wǎng shì hòu qī kōng jì xǐng

往事后期空记省❺。

shā shàng bìng qín chí shàng míng yún pò yuè lái huā nòng yǐng

沙上并禽池上暝❻，云破月来花弄影❼。

chóng chóng lián mù mì zhē dēng fēng bú dìng rén chū jìng míng rì luò hóng yīng mǎn jìng

重重帘幕密遮灯，风不定，人初静，明日落红应满径❽。

注释

❶《水调》：曲调名，一称《水调子》，是唐朝时流行的曲调，相传为隋炀帝所制。❷愁未醒：愁未消。❸临晚镜：晚妆照镜。❹流景：如流水般逝去的年华。❺后期：以后的约会。省：记忆。❻并禽：双飞双栖的禽鸟，如鸳鸯等。❼弄影：花在月光下舞弄自己的身影。❽落红：落花。

清费以耕绘《照镜仕女图》

解说

一边听《水调》一边喝酒，喝到中午不觉醉了，醒来时醉意已消而愁绪依旧。春天就要归去，不知何时才能再来？傍晚对镜自照，不禁感伤像流水一样逝去的年华，过去的情形和错过的佳期只能空自忆念。

沙地上水鸟成双，水池上暮色苍茫，月光破云而出，映着花儿婆娑的倩影。层层帘幕遮挡了屋内的灯光，风儿轻吹，人刚安静，明天的落花将把小径铺满。

这首词写持酒听曲消愁，抒发光阴易逝、惜花伤春和相思别离的情怀。上片自伤身世，叹息年华如流水、后事难知；下片借景抒情。全词语言精练，造语新巧，尤其“云破月来花弄影”一句，深为后人所称道。

qiān qiū suì
千秋岁

张先

shù shēng tí jué yòu bào fāng fēi xiē xī chūn gèng bǎ cán
数声鶗鴂[1]，又报芳菲歇[2]。惜春更把残
hóng zhé yǔ qīng fēng sè bào méi zǐ qīng shí jié
红折。雨轻风色暴[3]，梅子青时节。
yǒng fēng liǔ wú rén jìn rì fēi huā xuě
永丰柳[4]，无人尽日飞花雪[5]。

mò bǎ yāo xián bō yuàn jí xián néng shuō
莫把幺弦拨[6]，怨极弦能说。
tiān bù lǎo qíng nán jué xīn sì shuāng sī wǎng zhōng yǒu qiān qiān jié
天不老，情难绝[7]。心似双丝网[8]，中有千千结。
yè guò yě dōng chuāng wèi bái níng cán yuè
夜过也，东窗未白凝残月。

民国徐操绘《柳台问幽图》

注释

❶鶗鴂：杜鹃，春天常啼，昼夜不停，直至口吐鲜血乃止，传说为中国古典诗词中的悲哀之神。❷芳菲：花草。❸风色：即风势。❹永丰柳：永丰，地名，在唐代长安。此句用白居易“永丰西角荒园里，尽日无人属阿谁”诗意，形容凄冷清凉的柳树。❺花雪：指柳絮。❻幺弦：即小弦，琵琶的第四根弦，最细，也称危弦，其弦音哀切。❼天不老，情难绝：化用李贺《金铜仙人辞汉歌》“天若有情天亦老”句意。❽双丝网：双丝线织成的网。

解说

几声哀怨的杜鹃悲鸣，又告诉人们春天的花儿要凋谢了。因怜惜离去的春光，轻轻摘下枝头的残花。细雨虽然轻柔，可风还是无情地吹落花儿，换来梅子青青的时节。永丰的柳树，尽管无人光顾，柳絮还是整日如雪花一样漫天飞舞。

清冷枚绘《琵琶仕女图》

不要去拨弄那根最细的哀弦，因为细细的琴弦会诉说内心的幽怨。天若不老，情义也难断绝，心就像双丝织成的网，蕴含着无数的情结。漫漫长夜过去了，东窗未被晨光照到，还能看到天空的一弯残月。

这首词写悲欢离合之情，反复吟咏的都是一个“愁”字。词在写景抒情上有独到之处，一系列无情悲凉的暮春惨景，无不象征词人内心的痛苦，揭示了对爱情遭受挫折的愁伤。而寄语琴弦，矢志永不变心，又表现得情深意长。“心似双丝网，中有千千结”形象地表达了词人对爱情的执着与忠贞，因而成为千古名句。

作者简介 晏殊（991~1055）：北宋词人。字同叔，抚州临川（今江西抚州）人。景德中赐同进士出身，后官至集贤殿大学士、同中书门下平章事兼枢密使。其词擅长小令，多表现诗酒生活和悠闲情致，语言婉丽，颇受南唐冯延巳影响。有《珠玉词》。

qīngpíng yuè

清平乐

晏 殊

hóng jiān xiǎo zì　shuō jìn píngshēng yì　hóng yàn zài yún yú zài
红笺小字❶，说尽平生意。鸿雁在云鱼在

shuǐ　chóuchàng cǐ qíng nán jì
水❷，惆怅此情难寄❸。

xié yáng dú yǐ xī lóu　yáo shān qià duì lián gōu
斜阳独倚西楼，遥山恰对帘钩。

rén miàn bù zhī hé chù　lǜ bō yī jiù dōng liú
人面不知何处❹，绿波依旧东流。

清费丹旭绘《仕女图》（局部）

注释

❶红笺：一种精美的淡红色的纸，可用来题诗、写信。❷“鸿雁”句：古人有“雁足传书”和“鱼传尺素”的说法。❸惆怅：伤感、失意。❹人面不知何处：唐朝诗人崔护在都城南庄偶遇一少女，彼此相恋。第二年再来，少女不知去向，于是题诗：“去年今日此门中，人面桃花相映红。人面不知何处去，桃花依旧笑春风。”人面，借指所思之人。

解说

淡红色的信笺上写满小字，尽情诉说平生相慕相爱之意。但是能传信的大雁隐没云端，鱼儿潜藏水底，此情难寄，怎能不令人伤感。

黄昏时独自登上西楼，但苍山阻隔，不见伊人的踪影。思念的人儿不知在哪里，只见碧水依旧向东奔流。

这首词写离愁别绪，抒情细腻，用语雅致。词人融唐诗“人面不知何处去”诗意入词，恰到好处，语浅意深，富有韵味。

破阵子
(pò zhèn zǐ)

晏　殊

燕子来时新社❶，梨花落后清明。池上碧苔三四点❷，叶底黄鹂一两声，日长飞絮轻❸。

巧笑东邻女伴❹，采桑径里逢迎❺。疑怪昨宵春梦好❻，原是今朝斗草赢❼，笑从双脸生。

佚名绘《柳燕图》

注释

❶新社：春社。古代立春后第一个戊日为祭祀土神的日子，叫春社。❷碧苔：碧绿色的苔草。❸日长：白昼转长。飞絮：飘飞的柳絮。❹巧笑：笑得很美。❺逢迎：相遇，互相问候。❻疑怪：怪不得。❼斗草：古代妇女有斗百草的游戏。

解说

燕子飞来时春社刚到，梨花落后接近清明时节。池塘上点缀着三四点碧绿色的苔草，树叶下传来一两声黄鹂的鸣叫，白昼渐长，柳絮终日飘飞。

东邻女伴笑得很开心，两个姑娘在采桑的乡间小道上相遇。难怪昨晚做了一个好梦，原来是今天斗草获胜，两人脸上露出灿烂的笑容。

这首词描绘暮春农村采桑少女斗草嬉戏的生活情趣。上片写景，清新自然，展示了一幅生机盎然的暮春图画；下片写人，将天真活泼的农村少女形象刻画得栩栩如生，充满浓厚的生活气息和盎然情趣。

清改琦绘《斗草图》

huàn xī shā
浣溪沙

晏 殊

yì qǔ xīn cí jiǔ yì bēi qù nián tiān qì jiù tíng tái xī
一曲新词酒一杯，去年天气旧亭台❶。夕
yáng xī xià jǐ shí huí
阳西下几时回？

wú kě nài hé huā luò qù sì céng xiāng shí yàn guī lái xiǎo
无可奈何花落去，似曾相识燕归来。小
yuán xiāng jìng dú pái huái
园香径独徘徊❷。

注释

❶旧亭台：原来的亭台。旧：原来的。❷香径：落花飘香的小路。徘徊：来回地走。

解说

听一曲新词饮一杯美酒，天气还是去年的天气，亭台也是过去的亭台。夕阳已经西下，什么时候才能回转？

花在流逝的春光里无可奈何地凋零，归来的燕子倒是似曾相识。我在这满是落花飘香的小径上独自徘徊。

这是一首脍炙人口的伤春小令，其中蕴藏着丰富的生活哲理。作者触景感怀，通过对旧物消亡与新物重现的复回与变化，表达了对美好事物消逝的惆怅与伤感。

明汪氏辑《诗余画谱》中的晏殊《浣溪沙》（一曲新词酒一杯）词意图

huàn xī shā
浣溪沙

晏 殊

yí xiàng nián guāng yǒu xiàn shēn děng xián lí bié yì xiāo hún
一向年光有限身❶，等闲离别易销魂❷。

jiǔ yán gē xí mò cí pín
酒筵歌席莫辞频❸。

mǎn mù shān hé kōng niàn yuǎn luò huā fēng yǔ gèng shāng chūn
满目山河空念远，落花风雨更伤春。

bù rú lián qǔ yǎn qián rén
不如怜取眼前人❹。

注释

❶一向：一晌，指短暂。年光：时光，年华。有限身：指人生短暂。❷等闲：随便，寻常。❸酒筵歌席：指日常的宴饮。辞：拒绝，推辞。❹怜：珍惜，珍爱。

解说

时光易逝，人生短暂，寻常离别也会让人销魂断肠。不要说酒筵歌舞太多而频频推辞。

满目辽阔的山河不会因思念远方的亲人而改变，风雨吹打落花更让人满怀伤春之情。还不如珍惜眼前的故人呢。

这首词抒写伤春离别之情。词人虽感叹人生苦短，春归匆匆，却将惆怅哀伤之情表现得旷达、爽朗，又引人联想人生哲理，面对现实。这就是晏殊词内涵丰富、耐人寻味的地方。

明仇英绘《春宴桃李园图》

踏莎行

tà suō xíng

晏　殊

xiǎo jìng hóng xī　fāng jiāo lǜ biàn　gāo tái shù sè yīn yīn xiàn
小径红稀❶，芳郊绿遍，高台树色阴阴见❷。

chūnfēng bù jiě jìn yánghuā　méngméngluàn pū xíng rén miàn
春风不解禁杨花❸，濛濛乱扑行人面❹。

cuì yè cángyīng　zhū lián gé yàn　lú xiāng jìng zhú yóu sī zhuàn
翠叶藏莺，珠帘隔燕❺，炉香静逐游丝转❻。

yì chǎngchóumèng jiǔ xǐng shí　xié yáng què zhàoshēnshēnyuàn
一场愁梦酒醒时，斜阳却照深深院❼。

注释

❶红稀：花儿稀疏。❷阴阴见：暗暗显露出来。见：同“现”，显现。❸解：懂得。禁：约束，管住。❹濛濛：细雨飘洒的样子，这里形容柳絮纷飞。❺珠帘隔燕：挂着珠帘，将燕子隔在外面。❻游丝：飘荡在空中的虫丝，如蜘蛛丝等。❼却：还，仍。

解说

小路两边的花儿日渐稀疏，郊野早已绿城一片，高台楼阁在浓郁的树色中若隐若现。春风不知道约束杨花，任它漫天飞舞，乱扑行人之面。

黄莺藏在翠绿的叶子下，珠帘下垂，将燕子隔在外面，香炉飘出的烟雾，轻轻袅袅，追逐着飘忽不定的游丝。一场愁梦酒醒时分，只见斜阳仍照着深深的庭院。

这首词写暮春景色，上片描绘郊外景色，下片转写院内景物，动静变化之中，让人感到词人心境的矛盾，既有对夏初富有活力景物的欣赏，又有对时光流逝的淡淡春愁。

明代版画，描绘杨花纷飞的场景

玉楼春

晏 殊

绿杨芳草长亭路❶，年少抛人容易去。
楼头残梦五更钟❷，花底离愁三月雨。
无情不似多情苦❸，一寸还成千万缕❹。
天涯地角有穷时，只有相思无尽处。

注释

❶长亭：建在路边的亭子，供人休息，也是古人送别的地方。❷五更钟：指怀人之时，下句“三月雨”与其意同。❸无情、多情：分指少年和女子。❹千万缕：极言相思缠绵无尽。

解说

长亭路边，杨柳依依，芳草萋萋，但年少不解相思，轻易抛下情人而去。半夜里楼头钟声惊破残梦，听见三月的春雨洒落花间，令人泛起无穷无尽的离愁。

无情的人不像多情的人那样备受相思之苦，一寸相思会化作千万缕缠绵的情思。天涯地角终有穷尽的时候，但这相思之情却永远不会断绝。

这是一首相思之词，上片回忆离别的情景和相思之苦，借写女子情状，表达内心的惆怅与凄楚；下片通过对比手法突出相思之苦，直抒胸臆，倾诉心声，感情炽烈却温柔敦厚。

清俞明绘《凭窗仕女图》

蝶恋花
dié liàn huā

晏 殊

jiàn jú chóu yān lán qì lù luó mù qīng hán yàn zǐ shuāng
槛菊愁烟兰泣露❶。罗幕轻寒❷，燕子双
fēi qù míng yuè bù ān lí hèn kǔ xié guāng dào xiǎo chuān zhū hù
飞去。明月不谙离恨苦❸，斜光到晓穿朱户。
zuó yè xī fēng diāo bì shù dú shàng gāo lóu wàng jìn tiān yá
昨夜西风凋碧树❹。独上高楼，望尽天涯
lù yù jì cǎi jiān jiān chǐ sù shān cháng shuǐ kuò zhī hé chù
路。欲寄彩笺兼尺素❺，山长水阔知何处？

注释

❶槛菊：围栏里的菊花。兰泣露：兰草沾上露水，如在哭泣。❷罗幕：丝绸帘幕，借指室内。❸谙：熟悉，了解。❹凋碧树：使绿树叶凋零。❺彩笺：可供题诗、写信用的精美的纸。这里指诗词。尺素：古人书写用的白绢，代指书信。

解说

围栏内的菊花笼罩着轻烟，望上去似乎脉脉含愁；兰花沾有露珠，看起来像是暗暗饮泣。些许寒意透过帘幕，燕子双双飞走。明月不理解离恨之苦，彻夜照在房中，使我无法入睡。

昨天夜里西风劲吹，绿叶一夜之间凋零。我独自登上高楼，可以望见情人远在天涯的去路。多想寄封书信给你，可是山连绵不尽，水广阔无边，不知该寄往何处呢？

这是一首颇负盛名的伤离怀远之作。上片写室内的观感，下片写室外的感受，不仅情致深婉，而且意境寥阔高远，展现了一种令人神往的境界。

清诸升绘《兰竹石图册》

sù zhōng qíng

诉衷情

晏 殊

fú róng jīn jú dòu xīn xiāng　tiān qì yù chóng yáng　yuǎn cūn
芙蓉金菊斗馨香❶，天气欲重阳❷。远村

qiū sè rú huà　hóng shù jiàn shū huáng
秋色如画，红树间疏黄❸。

liú shuǐ dàn　bì tiān cháng　lù máng máng　píng gāo mù duàn　hóng
流水淡，碧天长，路茫茫。凭高目断，鸿

yàn lái shí　wú xiàn sī liáng
雁来时，无限思量。

注释

❶芙蓉：木芙蓉，落叶灌木，叶子阔卵形，花白色、粉红色或红色。斗：竞赛，比。馨：散布很远的香气。❷欲：将近。重阳：每年九月九日为重阳节，古人有赏菊的习俗。❸间：相间，夹杂。

解说

芙蓉和金菊争芳斗艳，节气已将近重阳的时候。远处的乡村秋色如画，红红的树叶间杂着稀疏的黄叶。

秋水清浅无波，碧空万里无云，道路茫茫无尽头。登上高处，极目远望，鸿雁飞过之时，心中涌起无限思量。

这是一首以写景为主的小令。上片从近景写到远景，勾画出一幅绚丽的金秋图画；下片描绘深秋的淡雅高阔，并融情入景，写出词人对家乡的思念和仕途上的期待。词作抒情含蓄，写景淡而有味，富于画意。

清恽寿平绘《菊石图》

作者简介 宋祁（998~1061）：北宋文学家、史学家。字子京，开封雍丘（今河南杞县）人。天圣进士，曾官翰林学士、史馆修撰，与欧阳修等合修《新唐书》，撰写列传部分。后任工部尚书，拜翰林学士承旨。能诗文，诗多酬赠送别之作，语言工丽。有《宋景文集》。

yù lóu chūn
玉楼春

宋 祁

dōng chéng jiàn jué fēng guāng hǎo，hú zhòu bō wén yíng kè zhào
东城渐觉风光好，縠皱波纹迎客棹❶。
lǜ yáng yān wài xiǎo hán qīng，hóng xìng zhī tóu chūn yì nào
绿杨烟外晓寒轻，红杏枝头春意闹❷。
fú shēng cháng hèn huān yú shǎo，kěn ài qiān jīn qīng yí xiào
浮生长恨欢娱少❸，肯爱千金轻一笑❹？
wèi jūn chí jiǔ quàn xié yáng，qiě xiàng huā jiān liú wǎn zhào
为君持酒劝斜阳，且向花间留晚照。

注释

❶縠皱：有皱纹的纱。比喻水的波纹。客棹：客船。棹：船桨，借指船。❷闹：喧闹。❸浮生：漂浮不定的人生。欢娱：欢乐。❹肯爱：怎能吝惜。

明汪氏辑《诗余画谱》中的宋祁《玉楼春》（东城渐觉风光好）词意图（局部）

解说

东城的春光越看越觉得美好，绿水如皱纱般荡着波纹，迎接客船的到来。清晨略带寒意，碧绿的垂柳笼罩在淡淡的薄雾中，红色的杏花在枝头竞相开放，一派盎然春意。

想到漂浮不定的短暂人生，总恨欢乐太少，怎么肯吝惜千金而轻视欢乐的生活呢？请让我持酒为你劝说斜阳，不要匆匆离去，暂且在花间留下一抹残照。

这首词表达了惜春之意，也流露出及时行乐、乐以忘忧的思想。词中一个“闹”字，使人联想到春意喧闹的景象，而“红杏枝头春意闹”则成为千古传诵的佳句。

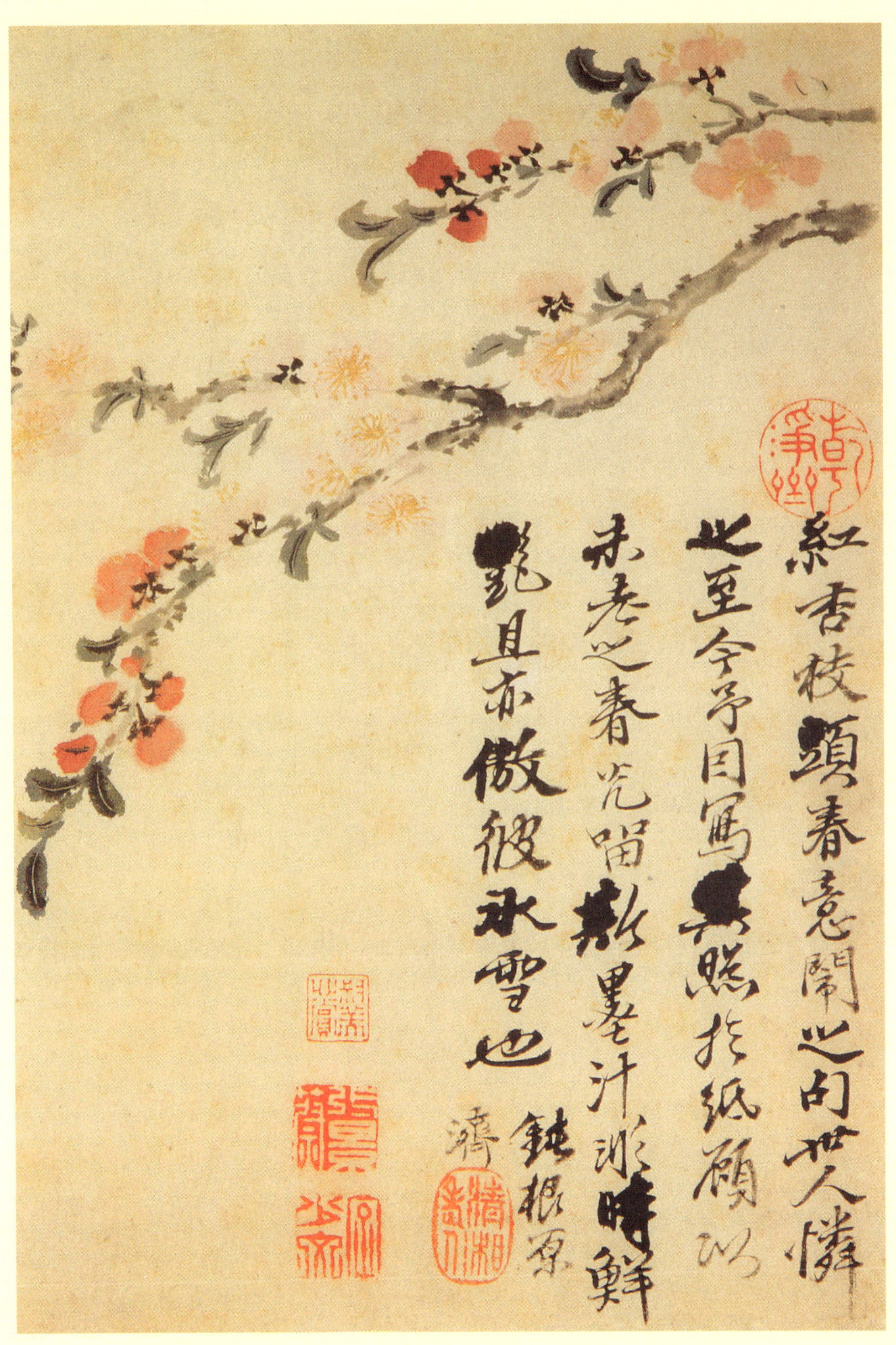

清石涛绘《红杏枝头》，描绘宋祁《玉楼春》“红杏枝头春意闹”词意

清殿藏本欧阳修画像

作者简介

欧阳修（1007~1072）：北宋文学家、史学家。字永叔，号醉翁、六一居士，吉州吉水（今属江西）人。天圣进士，官至翰林学士、枢密副使、参政知事。谥文忠。主张文章应“明道”、“致用”，是北宋古文运动的领袖。散文说理畅达，抒情委婉，为“唐宋八大家”之一。诗重气势，流畅自然；词风婉丽，承袭南唐余风。曾与宋祁合修《新唐书》，并独撰《新五代史》。有《欧阳文忠公集》。

cǎi sāng zǐ

采桑子

欧阳修

qīng zhōu duǎn zhào xī hú hǎo　lǜ shuǐ wēi yí　fāng cǎo cháng dī　yǐn yǐn shēng gē chù chù suí

轻舟短棹西湖好❶，绿水逶迤❷。芳草长堤，隐隐笙歌处处随。

wú fēng shuǐ miàn liú lí huá　bù jué chuán yí　wēi dòng lián yī　jīng qǐ shā qín lüè àn fēi

无风水面琉璃滑❸，不觉船移。微动涟漪❹，惊起沙禽掠岸飞。

注释

❶西湖：此指颍州西湖，在今安徽阜阳西北。❷逶迤：绵延曲折的样子。❸琉璃：天然发光的半透明矿石，借以形容平滑如镜的水面。❹涟漪：细小的波纹。

解说

驾轻舟划短桨游西湖真是惬意，水面碧波荡漾，绵延曲折。长堤两岸芳草青青，隐隐飘来悠扬的笙歌声。

没有风的水面平滑如镜，不知不觉间游船向前滑行。船儿泛起阵阵微波，惊得水鸟掠过湖岸飞去。

这首词写作者春日荡舟西湖的情趣，以轻松的笔调刻画出颍州西湖的春色，动静相宜，有声有色，意境幽美。“无风水面琉璃滑，不觉船移”二句，写出对春水的特殊感受，十分精辟。

shēng zhā zǐ

生查子

欧阳修

qù nián yuán yè shí　　huā shì dēng rú zhòu　　yuè shàng liǔ
去年元夜时❶，花市灯如昼❷。月上柳

shāo tóu　　rén yuē huáng hūn hòu
梢头，人约黄昏后。

jīn nián yuán yè shí　　yuè yǔ dēng yī jiù　　bú jiàn qù nián rén
今年元夜时，月与灯依旧。不见去年人，

lèi mǎn chūn shān xiù
泪满春衫袖。

清钱慧安绘欧阳修《生查子》“月上柳梢头，人约黄昏后”词意图

注释

❶元夜：元宵节，农历正月十五。自唐代以来，民间有元夜观灯的习俗。❷花市：繁华的街市。昼：白天。

解说

去年元宵之夜，花灯把街市照得如同白昼。一轮明月高挂在柳树梢头，我与心上人悄悄约会在黄昏时候。

今年元宵之夜，明月与花灯依旧那样美丽。却见不到去年约会的情人，伤心的泪水沾湿了春衫的衣袖。

这是一首别具风韵的怀人词作。词中运用对比手法，描写对恋人的思念之情。上片回忆去年元夜的甜蜜往事，下片描述今年元夜的凄凉景况。词作语言通俗，节奏明快，具有民歌风味，读起来朗朗上口。

ruǎn láng guī
阮郎归

欧阳修

nán yuán chūn bàn tà qīng shí fēng hé wén mǎ sī qīng méi
南园春半踏青时❶，风和闻马嘶❷。青梅
rú dòu liǔ rú méi rì cháng hú dié fēi
如豆柳如眉，日长蝴蝶飞。
huā lù zhòng cǎo yān dī rén jiā lián mù chuí qiū qiān yōng
花露重，草烟低❸，人家帘幕垂。秋千慵
kùn jiě luó yī huà táng shuāng yàn guī
困解罗衣❹，画堂双燕归。

注释

❶踏青：春天到郊野游览。旧俗以清明节为踏青节。❷嘶：马叫，这里指游人车马的声音。❸草烟低：浅草上罩着一层雾气。❹慵困：感到困乏。

解说

阳春三月，游人们去南园踏青，风和日丽，车马声声。刚结的青梅才豆粒般大小，低垂的柳叶细长如眉；日长天暖，蝴蝶在树间草丛翩翩飞舞。

花上凝结着露珠，草上笼罩着薄雾，窗上的帘幕低垂。少女荡罢秋千只觉困乏，回到家中解衣小憩，忽见一对燕子也归来了。

这首词写少女游春的情思。上片写游春见闻，下片写归来所见。人回来是一人，而燕回巢是“双燕”，联系上片游春所见暮春景象，少女被触动的春思隐隐可见。

清司马锺绘《桃花双燕图》

蝶恋花

dié liàn huā

欧阳修

tíng yuàn shēn shēn shēn jǐ xǔ　yáng liǔ duī yān　lián mù wú
庭院深深深几许❶？杨柳堆烟❷，帘幕无

chóng shù　yù lè diāo ān yóu yě chù　lóu gāo bú jiàn zhāng tái lù
重数。玉勒雕鞍游冶处❸，楼高不见章台路❹。

yǔ héng fēng kuáng sān yuè mù　mén yǎn huáng hūn　wú jì liú
雨横风狂三月暮❺。门掩黄昏，无计留

chūn zhù　lèi yǎn wèn huā huā bù yǔ　luàn hóng fēi guò qiū qiān qù
春住。泪眼问花花不语，乱红飞过秋千去❻。

注释

❶深几许：有多深。❷杨柳堆烟：烟雾笼罩着杨柳。❸玉勒雕鞍：嵌玉的马笼头和雕花的马鞍，代指华贵的马车。游冶处：指歌楼妓馆。❹章台路：汉代长安章台街，后指游乐之地。❺横：凶暴。❻乱红：飘零的落花。

明汪氏辑《诗余画谱》中的欧阳修《蝶恋花》（庭院深深深几许）词意图

解说

庭院深深，不知究竟有多深？烟雾笼罩着杨柳，帘幕重重数不清。华贵的马车停在公子们寻欢作乐的地方，登高远望却怎么也看不见章台路。

暮春三月，风狂雨骤。黄昏时掩门独守，却无法把春光留住。含着眼泪问花儿，花儿一句话也没说，纷乱的花瓣随风飘过秋千而去。

这首词写深闺少妇的愁闷之情。上片着重写景，下片着重写情，运用情景交融、层层深入的手法，营造出深远的意境。结尾两句写人愈伤心，花愈恼人，语浅意深，耐人寻味。

dié liàn huā
蝶恋花

欧阳修

yuè nǚ cǎi lián qiū shuǐ pàn zhǎi xiù qīng luó àn lù shuāng jīn chuàn

越女采莲秋水畔❶。窄袖轻罗❷，暗露双金钏❸。

zhào yǐng zhāi huā huā sì miàn fāng xīn zhǐ gòng sī zhēng luàn

照影摘花花似面，芳心只共丝争乱❹。

xī chì tān tóu fēng làng wǎn lù zhòng yān qīng bú jiàn lái shí bàn

㶉鶒滩头风浪晚❺。露重烟轻，不见来时伴。

yǐn yǐn gē shēng guī zhào yuǎn lí chóu yǐn zhuó jiāng nán àn

隐隐歌声归棹远，离愁引著江南岸。

清费丹旭绘《采莲图》

注释

❶越女：指江南一带的女子。秋水：指美丽的荷塘。❷轻罗：薄的丝织衫。❸金钏：金镯子。❹芳心：形容姑娘美丽的心灵。❺㶉鶒：像鸳鸯一样的水鸟，成双游水。

解说

江南女子在美丽的荷塘里采摘莲蓬。她们穿着窄袖的丝绸衣裳，隐约露出手腕上的一双金镯子。摘花时照见水中倒影，面容与荷花一样娇美；芳心细腻，如同荷花拗断时连着的丝。

傍晚时，㶉鶒双栖滩头；起风了，荷塘上涌起阵阵波浪。天色暗下来，暮霭轻笼，突然不见了来时的女伴。归家远去的船上传来隐隐的歌声，孤独的离愁引她远望江南岸。

这首词写江南采莲女，以美丽的荷花倒影映衬姑娘的面容，又以采莲时所见的荷塘情景来衬托少女细腻的心理活动。词作形象鲜明，节奏明快，写得别具情韵。

临江仙

lín jiāng xiān

欧阳修

柳外轻雷池上雨❶，雨声滴碎荷声❷。
liǔ wài qīng léi chí shàng yǔ, yǔ shēng dī suì hé shēng.

小楼西角断虹明。阑干倚处，待得月华生❸。
xiǎo lóu xī jiǎo duàn hóng míng. lán gān yǐ chù, dài dé yuè huá shēng.

燕子飞来窥画栋❹，玉钩垂下帘旌❺。凉波
yàn zi fēi lái kuī huà dòng, yù gōu chuí xià lián jīng. liáng bō

不动簟纹平❻。水精双枕❼，傍有堕钗横❽。
bú dòng diàn wén píng. shuǐ jīng shuāng zhěn, páng yǒu duò chāi héng.

注释

❶轻雷：雷声不大。❷荷声：雨打荷叶的声音。❸月华：月光，这里指月亮。❹画栋：彩绘装饰的梁栋。❺玉钩：精美的帘钩。帘旌：帘端下垂用以装饰的布帛，代指帘幕。❻簟：竹席。❼水精：即水晶。❽傍有堕钗横：化用李商隐《偶题》：“水文簟上琥珀枕，旁有堕钗双翠翘”。傍，同“旁”。堕：脱落。

明汪氏辑《诗余画谱》中的欧阳修《临江仙》（柳外轻雷池上雨）词意图

解说

柳林外传来轻轻的雷声，池上细雨蒙蒙，雨滴在荷叶上发出细碎的声音。小楼西角出现被遮断的彩虹。你独倚画阑，直等到月亮东升。

燕子飞回门前，窥伺画梁间；我从帘钩上放下帘幕。床上竹席纹路平展，好像清凉的水波，却无波纹涌动。床头放着水晶双枕，她的金钗从发上坠落枕边。

这首词写夏日黄昏，阵雨过后，至月亮升起时分楼外楼内的景象。上片写室外景色，把夏日景象推到极美的境界；下片写室内景象，营造出一个理想的人间境界。词作几乎句句写景，而情却寓于景色之中。

làng táo shā
浪淘沙

欧阳修

bǎ jiǔ zhù dōng fēng, qiě gòng cóng róng❶。chuí yáng zǐ mò luò
把酒祝东风，且共从容❶。垂杨紫陌洛

chéng dōng❷, zǒng shì dāng shí xié shǒu chù, yóu biàn fāng cóng❸。
城东❷，总是当时携手处，游遍芳丛❸。

jù sàn kǔ cōng cōng, cǐ hèn wú qióng。jīn nián huā shèng qù nián
聚散苦匆匆，此恨无穷。今年花胜去年

hóng, kě xī míng nián huā gèng hǎo, zhī yǔ shuí tóng❹?
红，可惜明年花更好，知与谁同❹？

清沈铨绘《绣球花图》

注释

❶从容：留连不去。❷紫陌：京城郊野的道路。洛阳在北宋时是陪都，故称洛阳东郊为紫陌。❸芳丛：芳草花丛。❹同：一起。

解说

举杯向春日的东风祈愿，希望它能够和我们一起留住这大好春光。洛阳城东郊野的道路上垂柳依依，那是我们当时携手同去的地方，游遍了所有的芳草花丛。

相聚分离总是太匆匆，这种遗憾无穷无尽。今年的花比去年的美丽，可惜明年的花会更好，可到时谁会和我一起赏花呢？

这首词写昔日与洛阳友人聚会的欢乐和分别后的惆怅，表达了词人与友人的深情厚谊，同时蕴含了聚散匆匆的伤感之情。作者把惜别之情寓于惜花之中，构思新颖，意味深长。

yù lóu chūn

玉楼春

欧阳修

zūn qián nǐ bǎ guī qī shuō wèi yǔ chūn róng xiān cǎn yè
尊前拟把归期说❶，未语春容先惨咽❷。
rén shēng zì shì yǒu qíng chī cǐ hèn bù guān fēng yǔ yuè
人生自是有情痴，此恨不关风与月。
lí gē qiě mò fān xīn què yì qǔ néng jiào cháng cùn jié zhí
离歌且莫翻新阕❸，一曲能教肠寸结。直
xū kàn jìn luò chéng huā shǐ gòng chūn fēng róng yì bié
须看尽洛城花❹，始共春风容易别。

注释

❶尊前：这里指宴席上。拟：打算，准备。❷春容：如春光般妩媚的容颜，这里指离别的佳人。惨咽：悲伤得说不出话来。❸离歌：送别的歌曲。翻新阕：按旧曲填新词。阕：乐曲每一次终止为一阕。❹直须：只须，须待。洛城花：牡丹。洛城：指洛阳，以盛产牡丹闻名。

解说

在离别的宴席上，本想将我归家的日期说定，没想到话未出口，那容颜如春光般妩媚的佳人已伤心得说不出话来。人生原本是有丰富情感的，这种离愁别恨与春风秋月之类的景物没有关系。

请不要再创作新的送别歌了，一曲旧的送别歌已经教人愁肠寸结。只有让我们赏尽洛阳的牡丹花，尽情享受春光，你我才会与归去的春风轻松无憾地道别。

这是一首惜春伤别之作。上片由写尊前伤别转入对人生的沉思，语浅意深；下片写别宴上的悲歌情景，虽蕴含了离别哀伤与春归惆怅，词人却用豁达的语言道出，格调疏朗而开阔。

清吴大澂绘《春江晓别图》

清殿藏本王安石画像

作者简介

王安石（1021~1086）：北宋政治家、文学家、思想家。字介甫，号半山，抚州临川（今江西抚州）人。庆历进士。宋神宗时，主持变法，因保守派反对，新政推行迭遭阻碍。晚年退居江宁（今江苏南京），封荆国公，世称“荆公”。散文雄健峭拔，为“唐宋八大家”之一。诗遒劲清新，词风格高峻。有《王文公集》、《临川先生文集》。

guì zhī xiāng
桂枝香

王安石

dēng lín sòng mù　zhèng gù guó wǎn qiū　tiān qì chū sù
登临送目❶，正故国晚秋❷，天气初肃❸。
qiān lǐ chéng jiāng sì liàn　cuì fēng rú cù　zhēng fān qù zhào cán yáng
千里澄江似练❹，翠峰如簇❺。征帆去棹残阳
lǐ　bèi xī fēng　jiǔ qí xié chù　cǎi zhōu yún dàn　xīng hé lù
里❻，背西风、酒旗斜矗❼。彩舟云淡，星河鹭
qǐ　huà tú nán zú
起❽，画图难足❾。

niàn wǎng xī　fán huá jìng zhú　tàn
念往昔，繁华竞逐❿。叹
mén wài lóu tóu　bēi hèn xiāng xù　qiān gǔ píng
门外楼头⓫，悲恨相续。千古凭
gāo duì cǐ　màn jiē róng rǔ　liù cháo jiù
高对此⓬，谩嗟荣辱⓭。六朝旧
shì suí liú shuǐ　dàn hán yān　shuāi cǎo níng lǜ
事随流水，但寒烟、衰草凝绿。
zhì jīn shāng nǚ　shí shí yóu chàng　hòu
至今商女⓮，时时犹唱，《后
tíng　yí qǔ
庭》遗曲⓯。

唐阎立本绘《历代帝王图卷》中的陈后主画像

注释

❶送目：远望。❷故国：指故都金陵（今江苏省南京市）。❸肃：肃杀，寒冷。❹澄江似练：江水澄清，像一条白绸带。练：白色丝绸长带。❺簇：同“镞”，箭头，比喻耸立的远山。❻征帆去棹：指江上往来的船只。❼矗：竖立。❽星河：银河，这里比喻长江。❾难足：难以完全表达出来。❿繁华竞逐：争着过奢侈的生活。⓫门外楼头：引用隋灭陈的典故。隋军兵临城下，陈后主还与宠妃寻欢作乐。门：指朱雀门，隋军经此门攻入金陵。楼头：陈后主宠妃张丽华所居的结绮阁。⓬凭高：登高。⓭谩嗟：白白地嗟叹。谩：徒然，白白地。嗟：感叹。荣辱：兴旺与衰亡。⓮商女：指卖唱的歌女。⓯《后庭》：《玉树后庭花》的简称，相传为陈后主所作，后人称此为亡国之音。

解说

登高远望，此时故都金陵正是深秋时节，天气转为清肃萧索。千里长江犹如一条白色的绸带，苍翠的山峰好似箭头高耸。归航的船只不需用桨就迅速驶入夕阳里，岸旁的酒旗被西风吹得斜斜地竖着。华美的船只远去，像是驶入薄云之中，长江宛若银河，江上白鹭纷纷起舞，这样美丽的景致是难以用图画描绘出来的。

想当初，这里是六朝古都的繁华之地，竞相追逐豪华奢侈。然而可叹的是，门外兵临城下，楼头美人起舞，亡国之痛一代代连续不断。自古以来有多少人为此登高凭吊，徒然感慨世事的兴衰荣辱。六朝的旧事已随流水一去不复返，眼前只有寒烟衰草在暮色里显得凝重凄碧。直到今天，那些卖唱的歌女还经常唱着陈后主的《玉树后庭花》遗曲。

明汪氏辑《诗余画谱》中的王安石《桂枝香》（登临送目）词意图

这是一首怀古咏史之作。上片描写古都金陵壮阔美丽的秋景，下片吊古伤今，通过批判六朝统治者荒淫误国，抒发对北宋政治腐败的不满，表现了作者忧国忧民的情怀。全词笔力遒劲，境界高远，巧妙化用前人诗句和历史典故，意味深长。

作者简介 王观（1035~1100），北宋词人。字通叟，如皋（今江苏如皋）人。嘉祐二年进士，后历任大理寺丞、江都知县等。其词内容不出传统格调，但构思新颖，颇具特色。有《冠柳集》。

卜算子（bǔ suàn zǐ） 送鲍浩然之浙东❶

王 观

水是眼波横❷，山是眉峰聚❸。欲问行人去那边？眉眼盈盈处❹。
（shuǐ shì yǎn bō héng，shān shì méi fēng jù。yù wèn xíng rén qù nǎ biān？méi yǎn yíng yíng chù。）

才始送春归，又送君归去。若到江南赶上春，千万和春住。
（cái shǐ sòng chūn guī，yòu sòng jūn guī qù。ruò dào jiāng nán gǎn shàng chūn，qiān wàn hé chūn zhù。）

清蓝廷芳绘《江南春色图》

注释

❶鲍浩然：作者友人，生平不详。之：往，去。浙东：今浙江东部。❷眼波：将水比喻为美人的眼神。❸眉峰：将山峰比喻为美人的眉毛。❹盈盈：河水清浅的样子，这里指美好的样子。

解说

江南的水仿佛是姑娘那清澈流转的眼波，那秀丽的山峦仿佛是美人紧蹙的双眉。想问行人今天到哪里去？一定是到那山水秀丽的地方去。

才送走了春天，又要送朋友离去。如果赶上江南春光还没有别去，一定要和春光一起留下来。

这是一首送别之作。既送友人回家，也送春天归去，把送别和惜春之情写得轻松俏皮，且用语新鲜，比喻巧妙，耐人寻味。

作者简介 晏幾道（1038~1110）：北宋词人。字叔原，号小山，抚州临川（今江西抚州）人，晏殊第七子。其词长于小令，多追怀往事，凄楚沉挚，深婉秀逸。有《小山词》。

临江仙
lín jiāng xiān

晏幾道

mèng hòu lóu tái gāo suǒ, jiǔ xǐng lián mù dī chuí. qù nián chūn hèn què lái shí. luò huā rén dú lì, wēi yǔ yàn shuāng fēi.

梦后楼台高锁，酒醒帘幕低垂。去年春恨却来时[1]。落花人独立，微雨燕双飞。

jì dé xiǎo pín chū jiàn, liǎng chóng xīn zì luó yī. pí pá xián shàng shuō xiāng sī. dāng shí míng yuè zài, céng zhào cǎi yún guī.

记得小蘋初见[2]，两重心字罗衣[3]。琵琶弦上说相思。当时明月在，曾照彩云归[4]。

清钱慧安绘《凭栏仕女图》，描绘晏幾道《临江仙》“落花人独立，微雨燕双飞”词意

注释

❶春恨：这里指春日伤别的情思。却来：再来。❷小蘋：歌女名。❸两重心字：指绣有双重“心”字的绸衣。宋代妇女衣裙上都有“心”形的图案。❹彩云：彩色的云朵，这里比喻小蘋。

解说

梦醒时只见楼台高锁，酒消后唯有帘幕低垂。去年因春去而惆怅的情景今又浮现在眼前。我独自伫立在庭院中，面对飘零的落花，看燕子在微雨中双双飞来飞去。

记得和小蘋初次相会，她穿着绣有两重心字的绸衣。弹起琵琶，诉说相思之情。当时明月如今依旧在，曾经照着她如彩云般飘然离去。

这首词为怀念歌女小蘋而作。上片写今日思念，用对照手法，表现自己的孤寂凄婉之情；下片追忆当年初见情景，描绘小蘋踏着月色归去的形象，追忆如此清晰，可见相思之深。

清余集绘晏幾道《临江仙》“落花人独立，微雨燕双飞”词意图

思远人

晏幾道

红叶黄花秋意晚，千里念行客❶。飞云过尽，归鸿无信，何处寄书得？

泪弹不尽临窗滴，就砚旋研墨❷。渐写到别来❸，此情深处，红笺为无色❹。

注释

❶千里念行客：思念千里之外的行人。❷就砚旋研墨：眼泪滴到砚中，就用来研墨。❸别来：别后。❹红笺：红色的信纸。

清改琦绘《仕女图》

解说

时值晚秋，林叶开始转红，黄菊开遍，闺中人不禁思念起千里之外的人。然而，过尽飞云片片，鸿雁也没有带来任何音信，能往何处寄书信呢？

闺中人泪流不尽，便临窗滴下，泪水滴到砚台上，就用它磨墨写信吧！渐渐写到分别后，情到深处，泪如泉涌，滴到信笺上，竟然使红笺褪尽颜色。

这首词一环紧扣一环，表达闺中人思念情人的深情。泪、墨、红笺，都融进闺中人的深情之中，使物与情浑然一体，感情已升华到物我两忘的境界。

dié liàn huā

蝶恋花

晏幾道

mèng rù jiāng nán yān shuǐ lù xíng jìn jiāng nán bù yǔ lí rén

梦入江南烟水路❶，行尽江南，不与离人

yù shuì lǐ xiāo hún wú shuō chù jué lái chóu chàng xiāo hún wù

遇。睡里消魂无说处❷，觉来惆怅消魂误❸。

yù jìn cǐ qíng shū chǐ sù fú yàn chén yú zhōng liǎo wú píng

欲尽此情书尺素❹，浮雁沉鱼❺，终了无凭

jù què yǐ huǎn xián gē bié xù duàn cháng yí pò qín zhēng zhù

据。却倚缓弦歌别绪❻，断肠移破秦筝柱❼。

注释

❶烟水路：因江南多雨水而称。❷睡里：梦中。消魂：悲伤，愁苦。❸觉来：醒来。消魂误：梦境难觅，徒添惆怅。❹书尺素：写信。❺浮雁沉鱼：意为无从寄信。传说雁、鱼可以传书。❻缓弦：指低沉的琴声，弦松音低。❼移破：弹遍。

解说

梦里又回到江南的烟水路，走遍江南，始终都找不到离去的人。梦里的悲伤和愁苦无处诉说，醒来梦境难觅，徒添惆怅。

想把这种情愫写进信中，但是雁在云天，鱼沉水底，最终无从寄出，无法表达。于是再借助琴弦来抒发离别的情怀，但弹遍筝柱也难消满腔愁怨，以致肠断泪干。

这首词描写感伤惆怅的情怀。上片写梦中无法找到离去的人，下片写改换传情方式。词作结构巧妙，先写梦境，后写现实，无论是梦境还是现实都令人伤心惆怅，情感表达真挚而强烈。

清黄慎绘《倚琴美人图》

清吴石仙绘《烟雨江南图》

shēng zhā zǐ
生查子

晏幾道

guān shān hún mèng cháng sài yàn yīn shū shǎo liǎng bìn kě lián
关山魂梦长❶，塞雁音书少。两鬓可怜

qīng zhǐ wèi xiāng sī lǎo
青❷，只为相思老。

guī bàng bì shā chuāng shuō yǔ rén rén dào zhēn gè bié lí
归傍碧纱窗❸，说与人人道❹。真个别离

nán bú sì xiāng féng hǎo
难，不似相逢好。

注释

❶关山：关隘山川。❷可怜：可爱。青：黑。❸傍：靠。❹人人：宋时口语，称所爱的人。

解说

两地被山川关隘阻隔，连梦魂都难到达，都说鸿雁传书，可那思念之人的音信却如此稀少。我两鬓可爱的青丝，因为思念和忧伤而变白。

他日回到家中，与爱人同倚在绿纱窗前，对心爱的人说：别离的滋味多么令人难过，可比不上相逢的喜悦令人欢畅啊！

这首词写相思之情。上片抒写相思，下片想象他日重逢的情景。虚幻的相聚之乐，更衬托出现实的痛苦凄凉之情。本词想象真实，于平淡之中见韵味，情感真挚深切。

清倪田绘《凭栏仕女图》

鹧鸪天

zhè gū tiān

晏幾道

cǎi xiù yīn qín pěng yù zhōng dāng nián pàn què zuì yán hóng
彩袖殷勤捧玉钟❶，当年拚却醉颜红❷。
wǔ dī yáng liǔ lóu xīn yuè gē jìn táo huā shàn dǐ fēng
舞低杨柳楼心月，歌尽桃花扇底风❸。
cóng bié hòu yì xiāng féng jǐ huí hún mèng yǔ jūn tóng
从别后，忆相逢，几回魂梦与君同❹。
jīn xiāo shèng bǎ yín gāng zhào yóu kǒng xiāng féng shì mèng zhōng
今宵剩把银釭照❺，犹恐相逢是梦中。

注释

❶彩袖：代指女子。捧玉钟：指劝酒。玉钟，酒杯的美称。❷拚却：甘愿，不顾惜。❸桃花扇：绘有桃花的歌扇。古代歌舞时多持扇。❹与君同：与你欢聚一起。❺剩把：更把。银釭：银质的灯台，此指灯。

解说

你穿着艳丽的衣服，殷勤地捧杯劝酒，当年我不顾惜身体，醉得满脸通红。歌女尽情歌舞，舞得杨柳围绕楼台上空的月儿低垂，唱得桃花扇底不再生风。

从分别之后，回想相聚时，多少次梦中与你在一起。今夜我再三用银灯照看，生怕又是在梦中与你相逢。

这首词写与日夜思念的歌女久别重逢。上片写当年宴乐盛况，下片写久别重逢的惊喜之情。全词虚实结合，对比巧妙，曲折深婉，是千古传诵的名作。

五代顾闳中绘《韩熙载夜宴图》（局部）

作者简介 张舜民（生卒年不详）：北宋文学家。字芸叟，自号浮休居士，邠州（治今陕西彬县）人。治平进士。工诗文，亦能词，与苏轼风格相近，但存世甚少。有《画墁集》。

卖花声 题岳阳楼

mài huā shēng

张舜民

mù yè xià jūn shān kōng shuǐ màn màn shí fēn zhēn jiǔ liǎn fāng yán
木叶下君山❶，空水漫漫。十分斟酒敛芳颜❷。
bú shì wèi chéng xī qù kè xiū chàng yángguān
不是渭城西去客❸，休唱《阳关》❹。

zuì xiù fǔ wēi lán tiān dàn yún xián hé rén cǐ lù dé shēng huán
醉袖抚危栏❺，天淡云闲。何人此路得生还？
huí shǒu xī yánghóng jìn chù yīng shì cháng ān
回首夕阳红尽处，应是长安❻。

注释

❶君山：洞庭湖中的一座山。❷十分：形容酒斟得很满。敛芳颜：收敛笑容。❸渭城：秦朝都城咸阳，汉时称渭城。❹《阳关》：唐朝王维的著名送别诗《送元二使安西》，入乐歌唱，称《阳关三叠》。❺危栏：高栏杆。❻长安：本是汉唐都城，这里代指宋朝都城汴京（今河南开封）。

明蔡远绘《岳阳大观图》

解说

登楼远眺，君山秋叶纷纷飘落，洞庭湖水浩渺无边。别宴上，歌妓殷勤劝酒，敛颜正容。不是到渭城以西去的使臣，就不要唱《阳关三叠》。

带着醉意抚摸高楼的栏杆，只见天高云闲。什么人能从被贬谪的地方活着回来呢？回首夕阳沉落的地方，应是京城长安。

这首词是作者在被贬途中登岳阳楼所写。上片描绘洞庭湖风物人情，表达遭贬的怨愤；下片写抚栏远望的感慨。词作以景托情，结尾二句把对朝廷的思念隐藏在景色描绘中，显得委婉而含蓄。

清人绘《历代名臣像解》中的苏轼画像

作者简介

苏轼（1037~1101）：北宋文学家、书画家。字子瞻，号东坡居士，眉州眉山（今属四川）人。宋仁宗嘉祐进士。政治上属于旧党，反对王安石变法，但也有改革弊政的要求。文章汪洋恣肆，明白畅达，为“唐宋八大家”之一。诗清新豪健，词开豪放一派，对后代很有影响。擅长行书、楷书，与蔡襄、黄庭坚、米芾并称“宋四家”。有《东坡七集》、《东坡乐府》等。

shuǐ diào gē tóu

水调歌头

丙辰中秋，欢饮达旦，大醉，作此篇。兼怀子由。

苏 轼

míng yuè jǐ shí yǒu? bǎ jiǔ wèn qīng tiān. bù zhī tiān shàng gōng què, jīn xī shì hé nián. wǒ yù chéng fēng guī qù, yòu kǒng qióng lóu yù yǔ, gāo chù bú shèng hán. qǐ wǔ nòng qīng yǐng, hé sì zài rén jian!

明月几时有？把酒问青天。不知天上宫阙❶，今夕是何年。我欲乘风归去❷，又恐琼楼玉宇❸，高处不胜寒❹。起舞弄清影，何似在人间！

zhuǎn zhū gé, dī qǐ hù, zhào wú mián. bù yīng yǒu hèn, hé shì cháng xiàng bié shí yuán? rén yǒu bēi huān lí hé, yuè yǒu yīn qíng yuán quē, cǐ shì gǔ nán quán. dàn yuàn rén cháng jiǔ, qiān lǐ gòng chán juān.

转朱阁❺，低绮户❻，照无眠。不应有恨，何事长向别时圆？人有悲欢离合，月有阴晴圆缺，此事古难全。但愿人长久，千里共婵娟❼。

佚名绘《月宫图》

北宋马远绘《对月图》

注释

❶宫阙：宫殿。这里指月宫。❷归去：作者自比谪仙，故称上天为"归去"。❸琼楼玉宇：美玉砌成的宫殿，这里指月宫。❹不胜寒：经受不了寒冷。月宫名广寒宫，所以说"不胜寒"。❺朱阁：朱红色的楼阁。❻绮户：雕花的门窗。❼婵娟：形容形态美好，这里指明月。

清王素绘《月中嫦娥图》

解说

明月是什么时候开始出现的？端起酒杯，问一问青天。不知天上的宫殿里，今夜又是什么年月？我想乘风去到那里，又担心在天上华美的宫殿里，经受不住清寂寒冷。月下翩翩起舞，清影摇曳，天上哪比得上人间美好啊！

月光转过朱红的楼阁，洒进雕花的门窗，照着不眠的离人。月亮不该与人有什么怨恨，为何偏偏在人们离别的时候这样圆呢？人间有离合悲欢，月亮有阴晴圆缺，自古以来就难得十全十美。但愿人们都能健康长寿，相隔千里也能共同沐浴皓月的清辉。

明汪氏辑《诗余画谱》中的苏轼《水调歌头》（明月几时有）词意图

这是一首写中秋的词，是苏轼的代表作之一。苏轼为朝官倾轧，自请外放，与弟弟苏辙六年没有相见。那年中秋之夜大醉，对月抒怀，写了这首词。该词构思奇特，独辟蹊径，不仅境界虚清，感情真挚，而且见解超凡，又极富浪漫色彩，是历代公认写中秋词的名篇。

niàn nú jiāo
念奴娇 赤壁怀古

苏　轼

dà jiāng dōng qù　làng táo jìn　qiān gǔ fēng liú rén wù　gù
大江东去❶，浪淘尽、千古风流人物。故

lěi xī biān　rén dào shì　sān guó zhōu láng chì bì　luàn shí chuān
垒西边❷，人道是、三国周郎赤壁❸。乱石穿

kōng　jīng tāo pāi àn　juǎn qǐ qiān
空，惊涛拍岸，卷起千

duī xuě　jiāng shān rú huà　yì
堆雪❹。江山如画，一

shí duō shǎo háo jié
时多少豪杰！

yáo xiǎng gōng jǐn dāng nián
遥想公瑾当年，

xiǎo qiáo chū jià liǎo　xióng zī yīng
小乔初嫁了❺，雄姿英

fā　yǔ shàn guān jīn　tán xiào
发。羽扇纶巾❻，谈笑

jiān　qiáng lǔ huī fēi yān miè
间，樯橹灰飞烟灭❼。

gù guó shén yóu　duō qíng yīng
故国神游❽，多情应

xiào wǒ　zǎo shēng huá fà
笑我，早生华发❾。

rén shēng rú mèng　yì zūn hái lèi
人生如梦，一樽还酹

jiāng yuè
江月❿。

清周镛绘《前赤壁图》

注释

❶大江：长江。❷故垒：黄州古老的营垒，作者推测可能是古战场的遗迹。但苏轼所游赤壁并非当年“赤壁之战”的遗址，而是他被贬居湖北黄冈的赤壁。❸周郎：周瑜，字公瑾。三国时东吴大将，赤壁之战主帅。❹千堆雪：无数白色的浪花。雪：这里比喻浪花。❺小乔：乔玄的小女儿，嫁给周瑜。❻羽扇：用长羽毛做成的扇子。纶巾：古代一种配有青丝带的头巾。❼樯橹：船的桅杆和桨，这里指曹操的战船。❽故国：历史上三国的旧地。神游：跟着感觉前往游览。❾华发：花白的头发。❿酹：古人祭奠，把酒洒在地上。这里指洒酒酬月，寄托自己的感情。

清人绘周瑜画像

解说

长江滚滚东流，时间像大浪一样淘尽了千古风流人物。古城西边的营垒，是三国时周瑜大破曹兵的古战场赤壁。陡峭的石壁直插云天，汹涌的波涛拍击着江岸，滚滚江流卷起千万堆雪白的浪花。江山如画卷般壮美，一时间造就了多少英雄豪杰！

遥想周瑜当年，小乔初嫁之时，英姿潇洒，意气风发。他手执羽扇，头戴纶巾，谈笑之间，就让曹军的战船灰飞烟灭。心神仿佛游到三国旧地，应笑我多愁善感，以致过早地长出了白发。人生像梦一般短暂，还是倒一杯酒祭奠这江上的明月吧！

这首词是作者游黄冈城外赤壁矶时所作。上片描绘古赤壁的雄伟壮丽景色，下片表现作者对周瑜英雄业绩的向往，并抒发凭吊古迹而引发的人生感慨。全词气势磅礴，格调雄浑，境界宏大，激荡着豪迈之情，是苏轼豪放词的代表之作。

清末年画《新绘三国志前本曹兵百万下江南》，全景展示了赤壁大战的过程

dìngfēng bō
定风波

三月七日沙湖道中遇雨。雨具先去，同行皆狼狈，余独不觉。已而遂晴，故作此。

苏 轼

mò tīng chuān lín dǎ yè shēng hé fáng yín xiào qiě xú xíng zhú
莫听穿林打叶声，何妨吟啸且徐行❶。竹
zhàng máng xié qīng shèng mǎ shuí pà yì suō yān yǔ rèn píng shēng
杖芒鞋轻胜马❷，谁怕？一蓑烟雨任平生❸。
liào qiào chūn fēng chuī jiǔ xǐng wēi lěng shān tóu xié zhào què
料峭春风吹酒醒❹，微冷，山头斜照却
xiāng yíng huí shǒu xiàng lái xiāo sè chù guī qù yě wú fēng yǔ yě
相迎。回首向来萧瑟处❺，归去，也无风雨也
wú qíng
无晴。

注释

❶吟啸：吟咏，歌啸。❷芒鞋：草鞋。❸一蓑烟雨任平生：张志和的《渔父词》："青箬笠，绿蓑衣，斜风细雨不须归。"此暗用其意。一蓑烟雨：披着蓑衣穿行在茫茫烟雨中。任：任凭。❹料峭：形容微寒，多指春寒。❺向来：刚才。萧瑟处：指遇雨的地方。

清汤贻汾绘《高士策杖图》

解说

不要去听那穿林打叶的雨声，不妨吟诗长啸慢慢前行。拄着竹杖，穿着草鞋，走起来胜似骑马，有什么好怕呢？披着蓑衣穿行在茫茫烟雨中，任凭风吹雨打度过一生。

春风带着寒意，把我的醉意吹醒，让人感到一丝寒冷，山头上的斜阳却热情相迎。回首再看那刚刚遇雨的地方，反正要回去，也就不管它是风雨还是晴天了。

这首词作于作者被贬黄州的第三年，写的是道中遇雨小事，蕴含的却是深刻的人生哲理。全词从描写眼前景物入手，通过自然现象，巧妙地道出自己坦荡乐观的襟怀和随遇而安的人生态度，既形象生动，又发人深思。

卜算子（bǔ suàn zǐ） 黄州定慧院寓居作❶

苏　轼

缺月挂疏桐❷，漏断人初静❸。谁见幽人独往来❹？缥缈孤鸿影❺。

惊起却回头，有恨无人省❻。拣尽寒枝不肯栖❼，寂寞沙洲冷。

(quē yuè guà shū tóng, lòu duàn rén chū jìng. shuí jiàn yōu rén dú wǎng lái? piāomiǎo gū hóngyǐng.

jīng qǐ què huí tóu, yǒu hèn wú rén xǐng. jiǎn jìn hán zhī bù kěn qī, jì mò shā zhōu lěng.)

注释

❶黄州定慧院：在今湖北省黄冈市东南。寓居：即寓所，住的地方。❷疏桐：枝叶稀疏的梧桐树。❸漏断：漏壶中的水已滴完，表示夜深。漏壶，古人计时的器具。❹幽人：幽居孤独之人，作者自指。❺缥缈：隐隐约约，似有似无。❻省：了解。❼寒枝：寒冷的树枝。栖：歇宿。

解说

一弯残月挂在枝叶稀疏的梧桐树上空，漏壶滴尽，夜深人静。谁能看到幽居的人独自走来走去？好似隐约可见的失群孤雁。

孤雁惊慌地飞起时还不停地回头，心中的怨恨无人理解。踏尽寒冷的树枝不肯栖宿，甘愿忍受沙洲上的寂寞寒冷。

这是作者在贬所的抒怀之作。他借失群的孤雁自喻，抒发了客居外地的寂寞、无奈心情和处境。作者赋予孤雁以高尚的人格和鲜明的个性，实际上是他傲岸、高洁品格的写照。

明汪氏辑《诗余画谱》中的苏轼《卜算子》（缺月挂疏桐）词意图

wàngjiāng nán 望江南 超然台作[1]

苏 轼

chūn wèi lǎo fēng xì liǔ xié xié shì shàng chāo rán tái shàng
春未老，风细柳斜斜。试上超然台上

wàng bàn háo chūn shuǐ yì chéng huā yān yǔ àn qiān jiā
望，半壕春水一城花[2]。烟雨暗千家。

hán shí hòu jiǔ xǐng què zī jiē xiū duì gù rén sī gù guó
寒食后，酒醒却咨嗟[3]。休对故人思故国[4]，

qiě jiāng xīn huǒ shì xīn chá shī jiǔ chèn nián huá
且将新火试新茶[5]。诗酒趁年华[6]。

佚名绘《烹茶图》

注释

❶超然台：在密州（今山东省诸城市）。❷壕：护城河。❸咨嗟：叹息。❹故国：故乡。❺新火：古代寒食节禁火，三天后重新点火，称新火。新茶：这里指寒食节前所采制的茶。❻年华：指美好时光。

解说

春天还没有归去，微风轻拂，杨柳飘飞。登上超然台极目远望，只见半沟护城河里的春水和满城的鲜花。细雨迷蒙，千家万户在风雨中显得昏暗朦胧。

寒食节后，酒醒反而因思乡而叹息。不要在老朋友面前想念故土，还是用新火煮一煮新茶。趁着大好春光酌酒吟诗吧！

作者登超然台，眺望满城烟雨，触动乡思，写下了这首词。词中反映了春未归去而人将老的痛苦心情，登超然台以自我安慰，情景交融，自得一体。

诉衷情 琵琶女

苏轼

小莲初上琵琶弦❶，弹破碧云天。分明绣阁幽恨，都向曲中传。

肤莹玉❷，鬓梳蝉❸，绮窗前❹。素娥今夜❺，故故随人❻，似斗婵娟❼。

注释

❶小莲：琵琶女的名字。❷肤莹玉：形容肤白如玉。❸鬓梳蝉：鬓发束成如蝉翼的形状，称蝉鬓。这是古代美女的发式。❹绮窗：雕花的窗子。❺素娥：嫦娥，代指月亮。❻故故：故意，特意。❼斗：比试。婵娟：姿态美好。

解说

小莲刚刚给琵琶调弦，那清越的声音就好像要冲破云天。乐声分明在诉说绣阁中的怨恨之情，所有情感都从琵琶曲中传达出来。

她肤白如玉，梳着一对蝉鬓，手抱琵琶，坐在雕花窗前。今晚的月亮特意照着她，月宫里的嫦娥好像要跟她比美似的。

这首词刻画了琵琶女小莲的形象，描写她高超的技艺、内心深处的怨恨以及美丽的容貌。最后三句以嫦娥来衬托她的美，意境非常清幽。

清费丹旭绘《仕女图》

jiāngchéng zǐ

江城子 密州出猎

苏　轼

lǎo fū liáo fā shào nián kuáng ❶ zuǒ qiān huáng ❷ yòu qíng
老夫聊发少年狂❶，左牵黄❷，右擎

cāng ❸ jǐn mào diāo qiú ❹ qiān qí juǎn píng gāng ❺ wèi bào qīng
苍❸。锦帽貂裘❹，千骑卷平冈❺。为报倾

chéng suí tài shǒu qīn shè hǔ kàn sūn láng ❻
城随太守，亲射虎，看孙郎❻。

jiǔ hān xiōng dǎn shàng kāi zhāng ❼ bìn wēi shuāng yòu hé
酒酣胸胆尚开张❼，鬓微霜，又何

fáng chí jié yún zhōng hé rì qiǎn féng táng ❽ huì wǎn diāo gōng rú
妨！持节云中，何日遣冯唐❽？会挽雕弓如

mǎn yuè ❾ xī běi wàng shè tiān láng ❿
满月❾，西北望，射天狼❿。

注释

❶聊：暂且。狂：狂放。❷黄：指黄色猎狗。❸擎：向上托。苍：苍鹰。❹锦帽貂裘：戴着锦缎制的帽子，穿着貂皮裘衣。❺千骑：形容随从之多。平冈：平坦的山冈。❻孙郎：即孙权，比喻作者自己。❼胸胆尚开张：胸怀开阔，胆

清翁同龢行书苏轼词《江城子·密州出猎》

气豪壮。❽持节云中，何日遣冯唐：汉文帝时云中太守魏尚御敌有功，战绩卓著。后获罪削职，汉文帝又派冯唐持节去赦免并恢复他的官职。节：符节，古代传达命令、征调兵将的凭据。云中：汉代郡名，在今内蒙古自治区托克托一带。冯唐：汉文帝时一个年老的郎官。❾会：将要。雕弓：有彩绘的弓。❿天狼：星名，主侵掠，代指屡犯边境的敌人。

民国徐燕孙绘《仿唐寅出猎图》

解说

老夫暂且表现点年轻人的狂放，左手牵着黄狗，右臂托着苍鹰。头戴锦缎帽，身穿貂皮裘，带领随从千骑，在平坦的山冈上飞马奔驰。为了酬谢全城百姓跟随太守打猎的盛意，我将亲自射杀猛虎，和当年的孙权一样勇猛。

酒意正浓，胸怀开阔，胆气豪壮，即使鬓角斑白，又有什么关系？什么时候能够像汉文帝派遣冯唐持符节到云中郡，恢复魏尚的官职呢？要是这样，我一定使尽力气把雕弓拉得像满月，朝着西北瞄准，射下天狼星。

这是一首出猎词。通过描写密州打猎的场面，表达了作者渴望立功边塞的雄心壮志。上片描绘出猎盛况，下片抒情言志。全词场面壮阔，气势非凡，充分体现了苏轼词的豪放风格。

jiāngchéng zǐ

江城子 乙卯正月二十日夜记梦

苏 轼

shí nián shēng sǐ liǎng máng máng bù sī liáng zì nán
十年生死两茫茫❶，不思量❷，自难
wàng qiān lǐ gū fén wú chù huà qī liáng zòng shǐ xiāng féng yīng bù
忘。千里孤坟❸，无处话凄凉。纵使相逢应不
shí chén mǎn miàn bìn rú shuāng
识，尘满面，鬓如霜。

yè lái yōu mèng hū huán xiāng xiǎo xuān chuāng zhèng shū zhuāng
夜来幽梦忽还乡，小轩窗❹，正梳妆。
xiāng gù wú yán wéi yǒu lèi qiān háng liào dé nián nián cháng duàn chù
相顾无言，惟有泪千行。料得年年肠断处：
míng yuè yè duǎn sōng gāng
明月夜，短松冈❺。

清改琦绘《仕女图》（局部）

注释

❶十年：苏轼妻子逝世距当时已十年。茫茫：形容全无所知。❷思量：想念。❸千里孤坟：苏轼妻王氏葬在四川眉山，作者此时在密州（今山东），两地相距甚远。❹轩窗：门窗。❺短松冈：种着矮松树的小山冈，此指墓地。

解说

十年来，你我生死相隔，什么都不知道，然而就是不想，又怎么能够忘怀？孤坟远隔千里，到哪里去诉说凄凉。假使我们再次相见，你大概也不会认出我，如今我满面尘土，两鬓如霜。

夜里忽然梦见回到故乡，你还同往常一样，正在窗前梳妆打扮。我俩彼此凝视，却说不出一句话，只有任泪水不断流淌。料想年年令人断肠之地，就是那明月照着栽有矮松树的小山冈。

这首词是作者悼念亡妻之作。全词采用白描手法，语言自然朴素，感情真挚深沉，哀痛缠绵，是一首传诵千古的悼亡词。词中通过细节描写，运用虚实相生的创作手法，使人物形象十分生动。

jiāngchéng zǐ

江城子 别徐州

苏 轼

tiān yá liú luò sī wú qióng jì xiāng féng què cōng cōng xié
天涯流落思无穷，既相逢，却匆匆。携
shǒu jiā rén huò lèi zhé cán hóng wèi wèn dōng fēng yú jǐ xǔ chūn
手佳人，和泪折残红❶。为问东风余几许？春
zòng zài yǔ shuítóng
纵在，与谁同❷？

suí dī sān yuè shuǐ róng róng bèi guī hóng qù wú zhōng
隋堤三月水溶溶❸，背归鸿❹，去吴中❺。
huí wàng péng chéng qīng sì yǔ huái tōng yù jì xiāng sī qiān diǎn
回望彭城❻，清泗与淮通❼。欲寄相思千点
lèi liú bú dào chǔ jiāngdōng
泪，流不到，楚江东。

注释

❶和泪折残红：流泪折残留枝头的红花赠别。❷与谁同：与谁一同欣赏春色。❸隋堤：隋炀帝时沿通济渠、邗沟河岸修筑的御道，道旁植杨柳，后世称“隋堤”。溶溶：水满而流动的样子。❹背归鸿：春天鸿雁北归，而作者与雁行相反，故说“背归鸿”。❺吴中：今浙江湖州一带。❻彭城：徐州古称彭城。❼清泗与淮通：泗水为淮水支流，在徐州与淮水汇流。

明汪氏辑《诗余画谱》中的苏轼《江城子》（天涯流落思无穷）词意图（局部）

解说

漂泊天涯忧思无穷，既然和你相逢，为什么又如此匆匆别离。牵着你的手，折一枝暮春的花，和泪相赠。问一问东风还剩几枝花？纵使春光仍在，与谁共赏春色呢？

三月里隋堤春水溶溶，望着北归的大雁，我却要奔向湖州。回望徐州，清澈的泗水与淮河相通。欲托清泗流水把千滴相思之泪寄往徐州，怎奈楚江（指泗水）东流，相思难寄。

这首词是苏轼离开徐州赴湖州途中所作，突出的特点是情真、景真，语语真切，处处赤诚，不矫揉造作，不忸怩作态。词中化用李商隐《无题》诗意，将积郁的愁思注入景物之中，抒发了作者对徐州的无限留恋之情。

jiāngchéng zǐ
江城子

湖上与张先同赋，时闻弹筝。

苏 轼

fèng huáng shān xià yǔ chū qíng shuǐ fēng qīng wǎn xiá míng yì duǒ fú qú kāi guò shàng yíng yíng hé chù fēi lái shuāng bái lù rú yǒu yì mù pīng tíng

凤凰山下雨初晴❶，水风清，晚霞明。一朵芙蕖❷，开过尚盈盈❸。何处飞来双白鹭，如有意，慕娉婷❹。

hū wén jiāng shàng nòng āi zhēng kǔ hán qíng qiǎn shuí tīng yān liǎn yún shōu yī yuē shì xiāng líng yù dài qǔ zhōng xún wèn qǔ rén bú jiàn shù fēngqīng

忽闻江上弄哀筝❺，苦含情❻，遣谁听！烟敛云收，依约是湘灵❼。欲待曲终寻问取，人不见，数峰青。

清缪嘉惠绘《白鹭荷花图》

注释

❶凤凰山：杭州西湖南岸的一座山。❷芙蕖：荷花。❸盈盈：丰满的样子。❹娉婷：美好的样子。这里

指弹筝女子。❺哀筝：指筝的曲调哀怨动人。❻苦：甚，十分。❼湘灵：湘水女神。

解说

凤凰山下雨后初晴，风爽水清，晚霞明丽。湖中一朵荷花盛开，丰满美丽。一对白鹭不知从什么地方特意飞来，好像是倾慕弹筝女子的美丽。

忽然听到江上传来曲调哀怨的筝乐声，十分感人，谁听了都会忍受不住。乐曲的哀伤，使烟霭为之敛容，彩云为之收色，又像是湘水女神在倾诉她的哀怨。想等曲终时再去寻问，弹筝人却已飘然而去，唯见湖畔数座青山耸立。

这首词是苏轼与词人张先同游西湖时所作。上片采用比喻和衬托的手法描写人物，下片重点写音乐哀伤动人。词把弹筝人置于雨后初晴、晚霞明丽的湖光山色之中，使人物与自然景色相映成趣，音乐与山水相得益彰。

清改琦绘《仕女图》

蝶恋花
(dié liàn huā)

苏 轼

huā tuì cán hóng qīng xìng xiǎo yàn zǐ fēi shí lǜ shuǐ rén jiā
花褪残红青杏小❶。燕子飞时，绿水人家

rào zhī shàng liǔ mián chuī yòu shǎo tiān yá hé chù wú fāng cǎo
绕。枝上柳绵吹又少❷，天涯何处无芳草！

qiáng lǐ qiū qiān qiáng wài dào qiáng wài xíng rén qiáng lǐ jiā rén
墙里秋千墙外道。墙外行人，墙里佳人

xiào xiào jiàn bù wén shēng jiàn qiǎo duō qíng què bèi wú qíng nǎo
笑❸。笑渐不闻声渐悄❹，多情却被无情恼❺。

注释

❶花褪残红：春花凋谢。❷柳绵：柳絮。❸佳人：美人。❹悄：寂静无声。❺多情：指墙外行人。无情：指墙里佳人。恼：引起烦恼。

解说

春花凋谢，杏树上结出小小的青果。燕子飞来飞去，绿水环绕着人家。枝上柳絮随风飞散越来越少，天边何处没有碧绿的小草！

高墙内佳人在荡秋千，墙外是一条小路。经过墙外的行人，听到墙内佳人的欢声笑语。当佳人的笑声渐渐听不到时，多情的行人却被佳人的无情弄得懊恼不已。

这首词借写暮春景色，抒发了作者对许多美好愿望不能被理解的感慨。上片描写暮春景色，其中蕴含伤春情绪；下片写佳人笑声，搅动墙外行人的情思。全词清婉雅丽，超凡脱俗，具有慑人心弦的艺术魅力。

明汪氏辑《诗余画谱》中的苏轼《蝶恋花》（花褪残红青杏小）词意图

浣溪沙
huàn xī shā

苏轼

sù sù yī jīn luò zǎo huā　cūn nán cūn běi xiǎng sāo chē　niú

簌簌衣巾落枣花❶，村南村北响缫车❷，牛

yī gǔ liǔ mài huáng guā

衣古柳卖黄瓜❸。

jiǔ kùn lù cháng wéi yù shuì　rì gāo rén kě màn sī chá　qiāo

酒困路长惟欲睡，日高人渴漫思茶❹，敲

mén shì wèn yě rén jiā

门试问野人家❺。

注释

❶簌簌：纷纷落下的样子。❷缫车：缫丝的工具。从浸煮过的蚕茧中抽出蚕丝叫缫丝。❸牛衣：用粗麻或草编织成的，披在牛背上取暖的覆盖物。这里形容卖瓜人衣衫粗朴。❹漫：随便，不由得。❺野人家：农民家。

清汤禄名绘《缫丝图》

解说

枣花纷纷落在行人的衣服和头巾上，村南村北到处是缫车声，一个穿着粗麻衣的人在老柳树下卖着黄瓜。

路途漫长，酒后困倦得只想睡觉，太阳高高地照着，嗓子干渴，不由得想喝些茶水，于是就上前去敲那路旁农家的大门。

这是一首写途中见闻的词。上片描绘农村初夏的繁忙景象，下片写途中口渴去农家求茶。作者把这些平常之景写得极富生活情趣，其洒脱豪放的性格和平易近人的作风跃然纸上。

浣溪沙 咏橘

苏轼

菊暗荷枯一夜霜，新苞绿叶照林光❶。竹篱茅舍出青黄❷。

香雾噀人惊半破❸，清泉流齿怯初尝。吴姬三日手犹香❹。

南宋佚名绘《橘绿图页》

注释

❶新苞：指新橘。❷青黄：指颜色青黄的橘子。❸噀：含在口中而喷出。❹吴姬：泛指江南女子。犹：还。

解说

一夜霜冻过后，菊花凋残，荷叶枯萎，而新橘却与绿油油的叶子相映衬，光亮照眼。竹篱茅舍掩映在青黄相间的橘林之间。

剥开橘皮，芳香的水雾喷洒出来，让人惊喜不已；带着几分胆怯初尝新橘，汁水在齿颊间如清泉流过。三天过后，江南女子的手上还留有橘子的清香呢！

这是一首咏橘词。上片写新橘在菊残荷枯中独自光彩夺目，下片写尝橘的情形。“惊”、“怯”二字，刻画出女子尝橘时的娇态。末句“吴姬”，点出新橘的产地，“三日手犹香”，着意夸张，余味无穷。

浣溪沙

huàn xī shā

游蕲水清泉寺，寺临兰溪，溪水西流。

苏 轼

shān xià lán yá duǎn jìn xī sōng jiān shā lù jìng wú ní xiāo xiāo mù yǔ zǐ guī tí
山下兰芽短浸溪❶，松间沙路净无泥。萧萧暮雨子规啼❷。

shuí dào rén shēng wú zài shào mén qián liú shuǐ shàng néng xī xiū jiāng bái fà chàng huáng jī
谁道人生无再少❸？门前流水尚能西❹。休将白发唱黄鸡❺。

注释

❶兰：兰草。溪：指兰溪，在今湖北省黄冈市。❷萧萧：同“潇潇”，雨声。暮雨：傍晚时下的雨。子规：杜鹃鸟，春夏之交日夜啼叫。❸再少：再变年轻。❹西：向西流。❺休将：不要。白发、黄鸡：比喻光阴催人老。

解说

山下兰溪岸边长满短小鲜嫩的兰草，松林间的沙路洁净无泥。傍晚细雨潇潇，杜鹃声声悲啼。

谁说人生不能再焕发青春？门前的流水还能向西流呢。请不要再唱那些自伤衰老的歌曲了。

这是一首即景抒怀的词。上片写暮春时节的兰溪景色，下片抒发溪水西流引发的感慨。人们惯用“白发”、“黄鸡”来比喻光阴催人老，作者却反其意而用之，表现出作者虽身处逆境仍积极乐观的人生态度，是一首催人自强的赞歌。

清吴照绘《兰石图》

浣溪沙

元丰七年十二月二十四日，从泗州刘倩叔游南山。

苏 轼

细雨斜风作晓寒，淡烟疏柳媚晴滩。入淮清洛渐漫漫❶。

雪沫乳花浮午盏❷，蓼茸蒿笋试春盘❸。人间有味是清欢。

注释

❶清洛：即洛涧，发源于安徽合肥，北流至怀远，汇入淮河。漫漫：指水流浩渺无边的样子。❷雪沫乳花：指茶水上的白沫。午盏：指午茶。❸蓼茸：蓼芽。蒿笋：嫩蒿。春盘：古代风俗，立春日以萝卜、芹菜置盘中送人，表示贺春，叫春盘。

解说

斜风细雨的早晨寒气袭人，雨收日出，轻烟缥缈，河滩疏柳妩媚可爱。清清的洛涧水汇入淮河，逐渐变得浩渺无边。

民国潘振镛绘《竹里煎茶图》

午茶里浮着乳白色的香茶沫，盘中盛着蓼芽、嫩蒿等待品尝。人间真正有味的生活是闲适素淡。

这首词是一篇记游之作。上片写立春时节，作者登山时所见景致；下片写个人情趣，借写品茶和品尝新鲜蔬菜，抒发作者对闲适素淡生活的向往之情。

ruǎn láng guī
阮郎归 初夏

苏轼

lǜ huái gāo liǔ yè xīn chán xūn fēng chū rù xián bì shā
绿槐高柳咽新蝉❶，薰风初入弦❷。碧纱

chuāng xià shuǐ chén yān qí shēng jīng zhòu mián
窗下水沉烟❸，棋声惊昼眠。

wēi yǔ guò xiǎo hé fān liú huā kāi yù rán yù pén xiān
微雨过，小荷翻。榴花开欲燃❹。玉盆纤

shǒu nòng qīng quán qióng zhū suì què yuán
手弄清泉❺，琼珠碎却圆❻。

注释

❶咽：哽咽，形容蝉声时断时续。❷薰风初入弦：比喻南风初来。相传舜作五弦琴以歌《南风》。薰风：暖和的南风。❸水沉：即沉香。❹开欲燃：花开得像火一般鲜红。❺纤手：指美人的手。❻琼珠：形容像珍珠一样的水珠。

清沙馥绘《观荷图》

解说

高高的槐树和柳树绿树成荫，新蝉的叫声时断时续，南风初起，和煦宜人。碧绿的纱窗下，沉香轻烟袅袅，下棋的声音惊醒了午睡的少女。

细雨飘过，荷叶随风翻动。榴花盛开，红得像火一样。少女端着瓷盆到清池边玩水，水花溅到荷叶上，水珠碎了又圆。

这首词写初夏时节的闺阁生活，娴雅而有生气。上片写初夏已悄悄来到一个少女身边，绿槐、高柳、新蝉等景物描写具有鲜明的初夏特色；下片写少女午梦初醒后，尽情领略和享受初夏时节的自然风光。词中少女单纯、天真，热爱生活，热爱自然，与初夏勃勃生机景象构成一种和谐的情调。

鹧鸪天

zhè gū tiān

苏轼

lín duàn shān míng zhú yǐn qiáng luàn chán shuāi cǎo xiǎo chí táng
林断山明竹隐墙①，乱蝉衰草小池塘。

fān kōng bái niǎo shí shí xiàn zhào shuǐ hóng qú xì xì xiāng
翻空白鸟时时见，照水红蕖细细香②。

cūn shè wài gǔ chéng páng zhàng lí xú bù zhuǎn xié yáng
村舍外，古城旁，杖藜徐步转斜阳③。

yīn qín zuó yè sān gēng yǔ yòu dé fú shēng yí rì liáng
殷勤昨夜三更雨④，又得浮生一日凉⑤。

注释

①林断：指树林尽头。②红蕖：红荷。蕖：即芙蕖，荷花的别名。③杖藜：拄着拐杖。藜：一年生草本植物，其茎可以作拐杖。④殷勤：情意深厚。三更：半夜时分。⑤浮生：短暂而虚浮不定的人生。

解说

树林尽头高山清晰可见，翠竹丛丛掩映着围墙，池塘旁边枯草中蝉声乱成一片。不时可以看到白鸟在空中翻飞，水中倒映的荷花散发着幽香。

在村庄外面，古城旁边，我拄着拐杖漫步，直到夕阳西斜。老天情意深厚，昨夜三更下了一场好雨，又让我度过凉爽的一天。

这首词作于词人湖北黄州贬所。上片描绘夏日雨后山村小景，下片抒发词人赏景的复杂感受。最后一句点出“浮生”，透出一种虚度时光而无可奈何的情绪。

清叶欣绘《溪山策杖图》

临江仙

lín jiāng xiān

苏 轼

yè yǐn dōng pō xǐng fù zuì　guī lái fǎng fú sān gēng　jiā tóng
夜饮东坡醒复醉❶，归来仿佛三更。家童
bí xī yǐ léi míng　qiāo mén dōu bú yìng　yǐ zhàng tīng jiāng shēng
鼻息已雷鸣❷。敲门都不应，倚杖听江声。

cháng hèn cǐ shēn fēi wǒ yǒu　hé shí wàng què yíng yíng　yè
长恨此身非我有❸，何时忘却营营❹？夜
lán fēng jìng hú wén píng　xiǎo zhōu cóng cǐ shì　jiāng hǎi jì yú shēng
阑风静縠纹平❺。小舟从此逝❻，江海寄余生。

注释

❶东坡：地名，在黄州城东（今湖北黄冈市东）。苏轼被贬黄州时，曾在这里筑“东坡雪堂”，并自号“东坡居士”。❷鼻息：鼻中的呼吸，这里指睡觉时的鼾声。❸身非我有：借用《庄子·知北游》中的话，意思是不自由，不能掌握自己的命运。❹营营：为功名利禄奔波。❺縠纹：形容细密的水波。縠纹：有皱纹的纱。❻逝：去，离开。

清王逸绘《溪桥策杖图》

解说

夜里在东坡雪堂饮酒，醒了又醉，回到家的时候好像已是三更时分。家童熟睡，鼾声如雷。怎么敲门他都没有回应，只好倚着手杖听江水流过的声音。

总是怨恨不能掌握自己的命运，何时才能忘却为名利而奔波？夜深了，风也停了，江上波纹平静。我真想驾着一叶小舟从此离去，在江海中打发后半生。

这首词写作者醉后从东坡归家的情景，上片以动衬静，以有声衬无声，烘托出词人孤寂的心情；下片以一种透彻的哲学思辨，表达出词人渴望摆脱世俗烦恼归隐江湖的心境，全词写景、抒情、议论融为一体。

作者简介

李之仪（约1035~1117）：北宋文学家。字端叔，号姑溪居士，沧州无棣（今属山东）人。宋英宗治平进士，曾从苏轼游。能诗文，又工词，语言通俗明白。有《姑溪居士文集》。

bǔ suàn zǐ
卜算子

李之仪

wǒ zhù cháng jiāng tóu　jūn zhù cháng jiāng wěi　rì rì sī
我住长江头❶，君住长江尾❷。日日思

jūn bú jiàn jūn　gòng yǐn cháng jiāng shuǐ
君不见君，共饮长江水。

cǐ shuǐ jǐ shí xiū　cǐ hèn hé shí yǐ　zhǐ yuàn jūn xīn sì
此水几时休❸，此恨何时已❹？只愿君心似

wǒ xīn　dìng bú fù xiāng sī yì
我心，定不负相思意❺。

注释

❶长江头：长江上游。❷长江尾：长江下游。❸几时：何时。休：停止。❹已：停止。❺负：辜负。

民国潘振镛绘《仕女扇面》

解说

我住在长江上游，你住在长江下游。我天天想你却见不到你，虽然我们都同饮一条长江之水。

这长江水何时停止不流，我的离别之恨又何时可以了结？只愿你的心同我的心一样坚定，我一定不辜负你的一片相思之情。

这是一首具有民歌风味的词作。全词构思巧妙，情思深婉，语言浅近，描写两地分居的相思之情，给人以江水长流情长在的感受。

作者简介

黄裳（1044~1130）：北宋词人。字勉仲，号演山，延平（今福建南平）人。元丰五年进士，官至端明殿学士。卒赠少傅。有《演山先生文集》、《演山词》。

减字木兰花（jiǎn zì mù lán huā） 竞渡❶

黄裳

红旗高举（hóng qí gāo jǔ），飞出深深杨柳渚❷（fēi chū shēn shēn yáng liǔ zhǔ）。鼓击春雷❸（gǔ jī chūn léi），直破烟波远远回（zhí pò yān bō yuǎn yuǎn huí）。

欢声震地（huān shēng zhèn dì），惊退万人争战气❹（jīng tuì wàn rén zhēng zhàn qì）。金碧楼西❺（jīn bì lóu xī），衔得锦标第一归❻（xián dé jǐn biāo dì yī guī）。

注释

❶竞渡：古代民间常在端午节举行划龙舟比赛。竞赛时，多人操桨，一人击鼓，并用红旗指挥。❷渚：水中间的小块陆地。❸春雷：形容喧闹的鼓声。❹争战气：竞争夺标的英雄气概。❺金碧：形容建筑物华丽、光彩夺目。❻锦标：锦缎制的旗帜，古时用以赠给竞渡的优胜者。

清唐岱、丁观鹏绘《十二月令图轴》之《龙舟竞渡》（局部）

解说

红旗高举的龙舟，从杨柳深处的小洲飞快地驶出。激越的鼓声如春雷一般惊天动地，龙舟冲破浩渺烟波，向前飞驶，再从远处转回。

岸上的欢呼声震动大地，健儿们争战夺标的气概可以惊退万千敌人。金碧楼西面，获胜的龙舟把锦标衔在龙口第一个归来。

这首词描写民间龙舟竞渡夺标的场景，采用白描手法，通过红旗、绿柳、烟波、金碧楼等富有色彩的事物，以及鼓声、欢呼声等声响，渲染出竞渡夺标时热烈而紧张的气氛，以及竞赛者争取胜利的气概。

清殿藏本黄庭坚画像

作者简介

黄庭坚（1045~1105）：北宋诗人、书法家。字鲁直，号山谷道人，又号涪翁，洪州分宁（今江西修水）人。与秦观、晁补之、张耒同为“苏门四学士”。兼善行、草书，与苏轼、米芾、蔡襄并称“宋四家”。其诗在宋代影响颇大，开创了江西诗派。有《山谷集》。

诉衷情
sù zhōng qíng

黄庭坚

一波才动万波随，蓑笠一钩丝❶。金鳞正在深处❷，千尺也须垂。
吞又吐，信还疑，上钩迟❸。水寒江静，满目青山，载月明归。

注释

❶蓑笠：指披蓑衣、戴斗笠的渔翁。❷金鳞：指鳞光闪闪的鱼。❸迟：慢。

解说

清黄山寿绘《寒江独钓图》

钩丝入水，激起一波后便有万波相随，一个身披蓑衣头戴斗笠的老翁垂钓在寒江上。鱼儿藏匿在江水深处，渔父不惜垂丝千尺。

鱼儿吞饵又吐饵，总是将信将疑，迟迟不上钩。江水寒冷，江面平静，满眼只见青山，船载明月归来。

这首词描写渔翁垂钓寒江的情景。渔翁其志不在鱼，而在置身江天、超脱尘世的逍遥生活。这是作者几遭贬谪，有感于人生坎坷，在心中幻想出的逍遥境界。

qīngpíng yuè
清平乐

黄庭坚

chūn guī hé chù jì mò wú xíng lù ruò yǒu rén zhī chūn qù
春归何处？寂寞无行路❶。若有人知春去

chù huàn qǔ guī lái tóng zhù
处，唤取归来同住。

chūn wú zōng jì shuí zhī chú fēi wèn qǔ huáng lí bǎi zhuàn
春无踪迹谁知？除非问取黄鹂。百啭

wú rén néng jiě yīn fēng fēi guò qiáng wēi
无人能解❷，因风飞过蔷薇❸。

注释

❶无行路：没有留下行踪。❷啭：鸟婉转地叫。❸因风：趁着风势。

解说

佚名绘《春树黄鹂图》

春天回到哪里去了？它悄悄离开人间，没有留下任何行踪。如果有人知道春天的下落，一定把它唤回来同住人间。

春天无影无踪又有谁知道呢？除非去问那树上的黄鹂。可黄鹂千回百啭的叫声却没人能够理解，它趁着风势飞过盛开的蔷薇花丛，再也无人知道春的去处了。

这首词表达伤春、惜春的感情，写法新颖，词味隽永。全词以自问自答的形式，表达出对春天的依恋、寻求和寻之不得的无奈，平易的语言中饱含惆怅之情。

清殿藏本秦观画像

作者简介

秦观（1049~1100）：北宋词人。字少游，一字太虚，号淮海居士，高邮（今属江苏）人。与黄庭坚、晁补之、张耒同为“苏门四学士”。工诗词。词多写男女情爱，风格委婉含蓄，清丽雅淡。诗风与词相近。有《淮海集》。

鹊桥仙
que qiáo xiān

秦　观

xiān yún nòng qiǎo　fēi xīng chuán hèn　yín hàn tiáo tiáo àn dù
纤云弄巧❶，飞星传恨❷，银汉迢迢暗度❸。

jīn fēng yù lù yì xiāngféng　biàn shèng què rén jiān wú shù
金风玉露一相逢❹，便胜却人间无数。

róu qíng sì shuǐ　jiā qī rú mèng　rěn gù què qiáo guī lù
柔情似水，佳期如梦❺，忍顾鹊桥归路❻。

liǎng qíng ruò shì jiǔ cháng shí　yòu qǐ zài zhāo zhāo mù mù
两情若是久长时，又岂在朝朝暮暮。

清费丹旭绘《织女图》

注释

❶弄巧：变换巧妙。❷飞星：流星。传恨：流露出牛郎织女久别的怨恨。❸银汉：银河。迢迢：形容河面宽阔。❹金风玉露：秋风白露。❺佳期：指男女间的约会，这

里指牛郎织女相会的情景。❻忍顾：不忍心回头看。鹊桥：传说每年农历七月七日，鹊架长桥，供牛郎织女银河相会。

解说

纤薄的云彩变幻出巧妙的形状，飞动的流星传递着牛郎织女的离情别恨，辽阔的银河上，牛郎织女在暗夜中相会。在这秋风白露的美好夜晚，虽然一年只有一次重逢，却胜过人间的无数次约会。

他们温柔的感情就像河水绵绵不绝，可欢娱的相会又是如此短暂，仿佛做了一场梦，怎么忍心回头看那鹊桥上的归路！如果两人的感情天长地久，又何必在乎是否朝夕相处。

这是一首小令，借牛郎织女的故事，赞美天长地久的爱情。上片写鹊桥相会，下片写由此引发的感慨。全词情景交融，婉约蕴藉，抒情之中悲哀与欢乐并存，读来余味盎然。

天津杨柳青年画《天河配》，描绘牛郎带孩子与织女在鹊桥相会的场景

tà suō xíng
踏莎行

秦 观

wù shī lóu tái, yuè mí jīn dù, táo yuán wàng duàn wú xún chù
雾失楼台，月迷津渡❶，桃源望断无寻处❷。

kě kān gū guǎn bì chūn hán, dù juān shēng lǐ xié yáng mù
可堪孤馆闭春寒❸，杜鹃声里斜阳暮。

yì jì méi huā, yú chuán chǐ sù, qì chéng cǐ hèn wú chóng shù
驿寄梅花❹，鱼传尺素❺，砌成此恨无重数❻。

chēn jiāng xìng zì rào chēn shān, wèi shuí liú xià xiāo xiāng qù
郴江幸自绕郴山❼，为谁流下潇湘去❽？

清彭旸绘《桃源问津图》

注释

❶津渡：渡口。❷桃源：即桃花源，据说在湖南郴州北，自陶渊明《桃花源记》问世后，常被视作避世仙境。❸可堪：怎么经受得住。孤馆：指作者旅居郴州的客舍。❹驿寄梅花：指寄书信，用南朝宋时陆凯寄梅花和诗给友人的典故。❺鱼传尺素：指寄书信。尺素：一尺长的白色绢帛，古人多用来写信或作画。❻砌成：堆积起来。无重数：

无数重。❼郴江：发源于郴山，北流汇合耒水入湘江。幸自：本自，原来是。❽为谁：为什么。潇湘：潇水在湖南零陵西北汇于湘水，称潇湘。

解说

楼台消失在茫茫夜雾中，渡口隐没在朦胧月色里，望尽天涯，理想的桃花源怎么也无处可寻。怎能忍受独居的客馆春寒阵阵袭人，在杜鹃的声声悲鸣中，看着斜阳慢慢西沉。

你寄来梅花致意，他传书信问候，这一切堆起来，使我的离愁别恨数也数不清。郴江本来是环绕郴山流的，为什么要流向潇湘去呢？

作者被贬郴州后，写下这首词，以委婉笔法抒写了贬谪之恨。上片写途中茫茫山城夜景，下片写贬谪之恨。全篇运用写实和象征等多种手法，含蓄表达内心的幽怨，词句情深意曲，堪称千古绝唱。

明汪氏辑《诗余画谱》中的秦观《踏莎行》（雾失楼台）词意图

huàn xī shā 浣溪沙

秦 观

mò mò qīng hán shàng xiǎo lóu xiǎo yīn wú lài sì qióng qiū
漠漠轻寒上小楼❶，晓阴无赖似穷秋❷。
dàn yān liú shuǐ huà píng yōu
淡烟流水画屏幽❸。
zì zài fēi huā qīng sì mèng wú biān sī yǔ xì rú chóu bǎo
自在飞花轻似梦❹，无边丝雨细如愁。宝
lián xián guà xiǎo yín gōu
帘闲挂小银钩❺。

注释

❶漠漠：寂静无声。❷无赖：无奈。穷秋：晚秋，深秋。❸淡烟流水：指屏风上画的风景。❹自在：安静闲适。❺宝帘：用珍珠装饰的窗帘。

解说

料峭春寒无声无息地在小楼内弥漫，一大早就天气阴沉，这令人无可奈何的天气如同晚秋到来。屏风上的淡烟流水图看起来更加清幽。

落花自由自在地飞舞，就像梦一样轻柔，丝般的细雨漫天飘来，好似那挥之不去的愁绪。精美的珍珠帘幕被小银钩高高挂起。

这是一首写惜春惆怅之情的词，描绘春天早晨登上小楼的所见所感。词作比喻巧妙，对仗工整，表面写景，实则寄寓人的愁怨，营造出一种凄清幽深的意境，令人流连忘返。

清沙馥绘《春思图》

南歌子

秦观

香墨弯弯画，燕脂淡淡匀❶。揉蓝衫子杏黄裙，独倚玉阑无语点檀唇❷。

人去空流水，花飞半掩门。乱山何处觅行云❸？又是一钩新月照黄昏。

注释

❶燕脂：胭脂。❷檀唇：赭红色的嘴唇。❸乱山：比喻心烦意乱的女子。行云：比喻情郎。觅：寻找。

解说

用香墨把眉毛画得弯弯的，脸上淡淡地涂上胭脂。揉蓝衫子配着杏黄裙子，她独自倚靠在栏杆上，默默地将红唇点染。

心爱之人离去后，宛如流水悠悠长逝，难觅行踪；落花时节，她半掩房门，等待他的到来。心烦意乱的女子到哪里去寻觅她的情郎？一钩新月挂在天边，月缺人难圆，又是一个孤独的黄昏。

这首词刻画了一个失恋女子的形象。全词没有直接的抒情叙事，但上下两片都能由图景暗示情事，且意脉相连，从而使人物形象鲜明生动。

清焦秉贞绘《凭栏仕女图》

hǎo shì jìn

好事近 梦中作

秦 观

chūn lù yǔ tiān huā huā dòng yì shān chūn sè xíng dào xiǎo xī
春路雨添花，花动一山春色。行到小溪

shēn chù yǒu huáng lí qiān bǎi
深处，有黄鹂千百。

fēi yún dāng miàn wǔ lóng shé yāo jiǎo zhuǎn kōng bì zuì wò
飞云当面舞龙蛇，天矫转空碧❶。醉卧

gǔ téng yīn xià liǎo bù zhī nán běi
古藤阴下，了不知南北❷。

注释

❶天矫：屈伸的样子。这里形容龙蛇盘曲而又伸展的动态。❷了：全然。

解说

路上一场春雨过后，无数鲜花盛开，花儿在风中摆动，满山明媚春光。走到小溪的深处，听见千百只黄鹂在婉转啼鸣。

飞动的云彩如龙蛇般舞动，变幻屈伸，一会儿天空又万里晴碧。我醉卧在古藤的浓荫下，完全不知东西南北。

这首词写作者遭贬后，寻求精神解脱的奇特梦境。上片写漫游在山路上的所见所闻，下片写仰望天空所见及醉卧古藤荫下之态。作者以词人特有的敏感，把复杂的生活经验和内心感受升华为一种奇特的梦境，反映了他对社会人生的看法。

清黄鼎绘《春雨初霁图》

huà táng chūn
画堂春

秦 观

dōng fēng chuī liǔ rì chū cháng yǔ yú fāng cǎo xié yáng
东风吹柳日初长❶，雨余芳草斜阳❷。
xìng huā líng luò yàn ní xiāng shuì sǔn hóng zhuāng
杏花零落燕泥香，睡损红妆❸。
bǎo zhuàn yān xiāo lóng fèng huà píng yún suǒ xiāo xiāng yè
宝篆烟销龙凤❹，画屏云锁潇湘❺。夜
hán wēi tòu báo luó cháng wú xiàn sī liáng
寒微透薄罗裳，无限思量。

注释

❶日初长：白昼开始变长。❷雨余：雨后。❸睡损：睡坏。红妆，指妇女的盛妆，因尚红色，故称红妆。❹宝篆：或作“香篆”。篆香，盘成篆字形状的香。古代盘香，有做成龙凤形的，点燃后，烟篆四散，龙凤形也逐渐消失，故云。❺潇湘：湖南潇水、湘水一带。

解说

东风吹拂柳枝，白昼逐渐变长，春雨刚刚停歇，斜阳映照芳草。杏花落入泥土，泥土沾染香气，燕子啄泥筑巢，巢有香气。年轻女子醒来，发现坏了红妆。

龙凤状的篆香已经燃尽，画屏上绘着《云锁潇湘图》。夜深寒气袭人，打透薄薄的衣裳，女子无法入梦，只有无限思量。

这首词写一位美人的春睡，上片叙述春睡前景色，下片描写美人夜间不眠时所见之景。全词融情于物，婉丽柔媚，悱恻深沉。词作笔力精工，色彩绚丽，意境优美，含蓄深挚。

明汪氏辑《诗余画谱》中的秦观《画堂春》（东风吹柳日初长）词意图

画堂春

秦观

落红铺径水平池❶，弄晴小雨霏霏❷。杏园憔悴杜鹃啼❸，无奈春归。

柳外画楼独上，凭栏手捻花枝❹。放花无语对斜晖❺，此恨谁知。

注释

❶落红：落花。水平池：池水与堤岸持平。❷霏霏：形容细雨纷飞的样子。❸憔悴：形容人瘦弱，面色不好看。这里形容暮春花事将尽的景象。❹捻：用手指搓转。❺斜晖：落日余晖。

解说

落花铺满小路，池水与堤岸持平；细雨漫天纷飞，天气忽雨忽晴。杏园百花凋零，杜鹃声声悲啼，无奈春天即将归去。

独自登上柳树外的画楼，倚着栏杆，手上搓捻着花枝。放下花枝，望着落日余晖默默无语，心中的愁恨有谁能知道呢？

这是一首伤春之词，上片描绘暮春景象，下片写词人的伤感与怨恨，将词人的伤春之情表达得淋漓尽致。全词感情细腻，意境清幽，格调深沉委婉。

明汪氏辑《诗余画谱》中的秦观《画堂春》（落红铺径水平池）词意图

zhè gū tiān
鹧鸪天

秦观

zhī shàng liú yīng huò lèi wén　xīn tí hén jiàn jiù tí hén
枝上流莺和泪闻❶，新啼痕间旧啼痕❷。
yì chūn yú niǎo wú xiāo xī　qiān lǐ guānshān láo mèng hún
一春鱼鸟无消息❸，千里关山劳梦魂。
wú yì yǔ　duì fāng zūn　ān pái cháng duàn dào huáng hūn
无一语，对芳尊，安排肠断到黄昏❹。
fǔ néng zhì dé dēng ér liǎo　yǔ dǎ lí huāshēn bì mén
甫能炙得灯儿了❺，雨打梨花深闭门。

注释

❶流莺：即莺，流指叫声圆转。❷间：重叠。❸鱼鸟：古人常把书信置于鱼腹或系于雁足，后人常以鱼雁代指书信。❹安排：打算。❺甫：刚刚。炙：点燃。

明汪氏辑《诗余画谱》中的秦观《鹧鸪天》（枝上流莺和泪闻）词意图

解说

枝上的黄莺叫个不停，我每日流着眼泪听，新的泪痕和旧的泪痕重叠在一起。一个春天都没有书信来传递消息，千里关山之外的人让我整日魂牵梦萦。

我默默无语，对着酒杯，打算借酒来打发那断人心肠的离愁，一直到黄昏时分。刚刚把灯油熬干，雨点打在梨花上，只有把房门紧紧关上，独自挨过苦闷的时光。

这首词写春愁闺怨，因声传情，声情并茂。词人一开头就抓住黄莺鸣叫的动人旋律，并巧妙地融入词中。词作宛转流畅，环环相扣，跌宕起伏。结尾两句，融情入景，表达了绵绵无尽的相思。

如梦令

秦 观

遥夜沉沉如水，风紧驿亭深闭❶。梦破鼠窥灯❷，霜送晓寒侵被。无寐❸，无寐，门外马嘶人起。

注释

❶驿亭：古时设于官道旁供传递公文的使者和来往官员休息换马的馆舍。❷窥：偷看。❸无寐：睡不着。

解说

长夜漫漫，沉静如水，北风紧吹，驿亭深闭。美梦被惊醒，一只老鼠对着青光荧荧的油灯偷窥，寒霜带来的冷气侵入被子。我再也睡不着，再也睡不着，门外传来马儿嘶鸣和人们起床的嘈杂声。

这首词写作者被贬赴郴州途中夜宿驿亭时的所见、所闻和所感。词作通过环境描写来表现词人凄苦的心境，极富情致，使读者有身临其境之感。

明汪氏辑《诗余画谱》中的秦观《如梦令》（遥夜沉沉如水）词意图

作者简介 贺铸（1052~1125）：北宋词人。字方回，号庆湖遗老，卫州（治今河南卫辉）人。为人豪侠尚气，早年做武官，后转文职，晚年退居苏州。其词风格多样，善于锤炼字句，内容多刻画闺情离思，也有嗟叹功名不就，纵酒狂放之作。又能诗文。有《东山词》。

青玉案（qīng yù àn）

贺 铸

凌波不过横塘路[1]，但目送、芳尘去[2]。
锦瑟华年谁与度[3]？月桥花院，琐窗朱户[4]，只有春知处。
飞云冉冉蘅皋暮[5]，彩笔新题断肠句。
若问闲愁都几许[6]？一川烟草[7]，满城风絮，梅子黄时雨。

清吴石仙绘《细雨江南图》

清费丹旭绘《仕女图》

注释

❶凌波：凌空踏波，形容女子步态轻盈。横塘：在苏州西南十余里。❷芳尘：带芳香的尘土，这里借指美人的行踪。❸锦瑟华年：指美好的青春年华。❹琐窗：雕刻连琐花纹的窗子。❺冉冉：慢慢移动。蘅皋：生长香草杜蘅的水边高地。皋：水边高地。❻都几许：共有多少。❼一川：遍地。

解说

步态轻盈的姑娘不走过横塘的路，我只能目送她的芳影远去。她美好的青春年华将与谁共度呢？明月小桥，花丛深院，雕花窗格，朱漆门户，只有春神才知道她的住处。

行云缓缓移动，长满杜蘅的水边高地暮色苍茫，我提笔写下令人断肠的诗句。如果问我闲愁有多少？就像遍地如烟的青草，满城飘飞的柳絮，黄梅时节绵绵不尽的细雨。

这是一首描写愁绪之作。上片写偶遇佳人，下片写思慕之愁。为描绘其无限愁绪，最后三句连用三种意象表现愁思的广度、密度、长度，化抽象无形的情思为具体的形象，构思奇妙，作者因此词而得“贺梅子”雅号。

tà suō xíng

踏莎行

贺　铸

yáng liǔ huí táng　yuān yāng bié pǔ　lǜ píng zhàng duàn lián
杨柳回塘❶，鸳鸯别浦❷，绿萍涨断莲
zhōu lù　duàn wú fēng dié mù yōu xiāng　hóng yī tuō jìn fāng xīn kǔ
舟路❸。断无蜂蝶慕幽香，红衣脱尽芳心苦❹。
fǎn zhào yíng cháo　xíng yún dài yǔ　yī yī sì yǔ sāo rén
返照迎潮❺，行云带雨，依依似与骚人
yǔ　dāngnián bù kěn jià chūnfēng　wú duān què bèi qiū fēng wù
语❻。当年不肯嫁春风❼，无端却被秋风误❽。

注释

❶回塘：曲折回环的池塘。❷别浦：江河支流的水口。❸莲舟：采莲的船。❹红衣：指荷花的花瓣。芳心：指莲心。❺返照：斜阳自水中折射的光。❻骚人：诗人。❼不肯嫁春风：唐代诗人韩偓《寄恨》诗有“莲花不肯嫁春风”句。❽无端：无缘无故。

明陈洪绶绘《荷花鸳鸯图》

解说

在杨柳环绕的池塘，鸳鸯游憩的水边，茂密的浮萍长满水面，阻断了采莲芳舟。根本没有蜜蜂和蝴蝶仰慕莲花的幽香，红色花瓣掉落后只剩下苦涩的莲心。

落日余晖返照水面，迎接浦口流入的潮水，天上流云携几点微雨，洒向荷塘，晚风中摇曳的荷花好像要向诗人倾吐心中的言语。当年不肯与百花在春风里争奇斗艳，无缘无故却被秋风吹落。

这首词吟咏荷花。作者将荷花比作一位幽静贞洁、身世飘零的女子，借此抒发自己怀才不遇的身世和不甘冷落的心情，表达出对自身命运多舛的复杂情感。

jiǎn zì huàn xī shā
减字浣溪沙

贺铸

lóu jiǎo chū xiāo yì lǚ xiá　dàn huáng yáng liǔ àn qī yā　yù
楼角初销一缕霞❶，淡黄杨柳暗栖鸦，玉
rén hé yuè zhāi méi huā
人和月摘梅花❷。

xiào niǎn fěn xiāng guī dòng hù　gèng chuí lián mù hù chuāng shā
笑捻粉香归洞户❸，更垂帘幕护窗纱，
dōng fēng hán sì yè lái xiē
东风寒似夜来些❹。

注释

❶销：消逝。❷玉人：美人。和月：趁着月光。❸捻：用手指搓转。粉香：指梅花。洞户：指幽深的闺房。❹寒似：寒于。些：语气助词，古代楚方言。

解说

一缕晚霞在楼角处消退，乌鸦悄悄地栖息在淡黄色的杨柳中，一位美丽的女子趁着月光摘下一枝梅花。

她微笑着手捻花枝回到闺房，放下帘幕，护住窗纱，初春的风比刚入夜的时候还要冷一些。

这是一首写景词。上片写初春月夜景色，动静结合，意境清幽；下片写美人摘花回房，遮窗御寒，音容笑貌跃然纸上。全词以景托情，通过对少女活动的刻画，使月下美女手捻梅枝的形象更加可爱。

清费丹旭绘《折枝仕女图》

作者简介 仲殊（生卒年不详）：北宋僧人、词人。字师利，安州（今湖北安陆）人。本姓张，名挥，仲殊为其法号。中过进士，后弃家为僧，居杭州吴山宝月寺，今存《宝月词》。

柳梢青 吴中

liǔ shāoqīng

仲殊

àn cǎo píng shā，wú wáng gù yuàn，liǔ niǎo yān xié。yǔ hòu hán qīng，fēngqián xiāng ruǎn，chun zài lí huā。

岸草平沙，吴王故苑❶，柳袅烟斜❷。雨后寒轻，风前香软，春在梨花❸。

xíng rén yí zhào tiān yá，jiǔ xǐng chù、cán yáng luàn yā。mén wài qiū qiān，qiáng tóu hóng fěn，shēn yuàn shuí jiā？

行人一棹天涯❹，酒醒处、残阳乱鸦。门外秋千，墙头红粉❺，深院谁家？

注释

❶吴王故苑：春秋时吴国的苑池，故址在今江苏苏州市。❷袅：细长柔弱。❸春在梨花：指春分后期。❹行人：作者自指。棹：船桨，代指船。❺红粉：指佳人。

明陈洪绶绘《梨花图》

解说

吴江两岸草青沙平，吴王故都的池苑内，柔弱柳丝上的绿意仿佛一抹轻烟。雨后寒意淡淡，风中花香清幽，春分时节，梨花如雪。

行舟一桨就划到天边，酒醉醒来，只见红日西沉，乱鸦归巢。一户人家门外立着秋千，墙头闪过姑娘荡秋千的身影，这是谁家深深的庭院呢？

这是一首写江南吴中春景的词作。上片写苏州吴王旧苑春雨后的美景，下片写乘船远游所见的景色，作者把沿途所见勾勒成一幅秀美的图画，读来令人心驰神往。

nán gē zǐ
南歌子 忆旧

仲　殊

shí lǐ qīng shān yuǎn　cháo píng lù dài shā　shù shēng tí niǎo
十里青山远，潮平路带沙❶。数声啼鸟

yuàn nián huá　yòu shì qī liáng shí hòu zài tiān yá
怨年华。又是凄凉时候在天涯❷。

bái lù shōu cán yuè　qīng fēng sàn xiǎo xiá　lǜ yáng dī pàn wèn
白露收残月❸，清风散晓霞。绿杨堤畔问

hé huā　jì dé nián shí gū jiǔ nà rén jiā
荷花：记得年时沽酒那人家❹？

注释

❶潮平：指退潮以后。❷凄凉时候：指天各一方的分离时日。❸白露：露水。❹年时：那时。沽酒：买酒。那人家：词人自指。

解说

青山还远在十里之外，潮水退后，路上残留着泥沙。数声鸟啼，似乎在叹息易逝的年华。又到凄凉的秋季，我独自行走在天涯。

露水降下，天边的残月渐渐隐去，清风徐徐，吹散早晨的彩霞。不觉来到一处长满绿杨的堤边，问池中荷花：你还记得当年来此买酒的那个人吗？

这首词写夏日旅途中的一段感受，上片抒发长期在外奔波的感慨，下片以秋日之景衬托自己眷恋尘世的复杂心情。全词用词精练，意境淡远。

明汪氏辑《诗余画谱》中的仲殊《南歌子》（十里青山远）词意图

作者简介 周邦彦（1056~1121）：北宋词人。字美成，号清真居士，钱塘（今浙江杭州）人。精通音律，创作不少新词调。作品多写闺情、羁旅，也有咏物之作。格律严谨，语言典丽精雅，开南宋格律派，影响很大。今存《片玉词》。

浣溪沙
huàn xī shā

周邦彦

lóu shàng qíng tiān bì sì chuí　lóu qián fāng cǎo jiē tiān yá
楼上晴天碧四垂❶，楼前芳草接天涯。
quàn jūn mò shàng zuì gāo tī
劝君莫上最高梯。
xīn sǔn yǐ chéng táng xià zhú　luò huā dōu shàng yàn cháo ní　rěn
新笋已成堂下竹，落花都上燕巢泥。忍
tīng lín biǎo dù juān tí
听林表杜鹃啼❷？

明文震孟绘《竹图》

注释

❶四垂：指天幕从四周垂下。❷忍听：怎忍听。林表：林梢。

解说

登上高楼极目远望，只见碧空万里，天幕从四周垂下，楼前芳草萋萋，远接天边。劝你不要登上最高梯去眺望，那样最是伤怀。

堂下的新笋已长成竹子，落花都化作尘土成为燕子筑巢的新泥。青春易逝，此时怎忍心听那林梢上杜鹃的声声悲啼呢？

这首词写游子思乡之情。上片写登楼远望，触动离愁，下片写新笋成竹，落花成泥，光阴易逝，在外难归。词作构思上的时空处置很具特色，词中凄迷婉转的思乡之情强烈感人。

诉衷情

sù zhōng qíng

周邦彦

chū lín xìng zǐ luò jīn pán, chǐ ruǎn pà cháng suān. kě xī bàn cán
出林杏子落金盘，齿软怕尝酸。可惜半残

qīng zǐ, yóu yìn xiǎo chún dān
青紫❶，犹印小唇丹❷。

nán mò shàng, luò huā xián, yǔ bān bān. bù yán bù
南陌上❸，落花闲，雨斑斑❹。不言不

yǔ, yí duàn shāng chūn, dōu zài méi jiān
语，一段伤春❺，都在眉间。

注释

❶半残：杏子被咬了一口。❷小唇丹：小小口红唇印。❸陌：小路。❹斑斑：形容落花被雨淋后的狼藉状。❺伤春：因春天的景物而引起的伤感。

解说

在林中摘了杏子放在金色的盘子里，牙齿太软不敢尝酸东西。可惜这青紫的杏子已经被咬了一口，上面留下了她小小的红唇印。

南边林间小路上，残花悠悠飘落，雨淋后一片狼藉。少女不言不语，但眼角眉梢上却流露出伤春的愁绪。

这首词写少女因尝青杏而引发的伤春之感。词人将少女尝酸杏的偶然事情与伤春之情巧妙地结合在一起，可谓是匠心独具。词作语言流畅，近于口语，与生活场景相结合，极富情趣。

明唐寅绘《仕女图》

苏幕遮

sū mù zhē

周邦彦

liáo chén xiāng xiāo rù shǔ niǎo què hū qíng qīn xiǎo kuī
燎沉香❶，消溽暑❷。鸟雀呼晴，侵晓窥

yán yǔ yè shàng chū yáng gān sù yǔ shuǐ miàn qīng yuán
檐语❸。叶上初阳干宿雨❹，水面清圆❺，

yī yī fēng hé jǔ
一一风荷举❻。

gù xiāng yáo hé rì qù jiā zhù wú mén jiǔ zuò cháng ān lǚ
故乡遥，何日去？家住吴门❼，久作长安旅❽。

wǔ yuè yú láng xiāng yì fǒu xiǎo jí qīng zhōu mèng rù fú róng pǔ
五月渔郎相忆否❾？小楫轻舟❿，梦入芙蓉浦⓫。

注释

❶燎：烧。沉香：一种名贵的熏香木料，能沉于水，因此得名。❷溽暑：潮湿闷热的天气。❸侵晓：天刚亮，破晓。窥檐：在屋檐边窥伺。❹初阳：初升的太阳。干：晒干。宿雨：昨夜的雨。❺清圆：指清润而溜圆的荷叶。❻一一风荷举：朵朵荷花在微风的吹拂下摇曳飘举。❼吴门：苏州的别称。❽长安：今陕西省西安市，汉唐都城，这里借指北宋都城汴京。❾渔郎：指故乡的渔夫。❿楫：船旁的短桨。⓫芙蓉浦：指长满荷花的江湖河塘。

清沈铨绘《荷塘雅趣》

解说

点燃沉香，以消除潮湿闷热的暑气。天气转晴，鸟雀欢呼，天刚亮就在屋檐边窥伺喧哗。荷叶上昨夜残留的雨珠被初升的太阳晒干，水面上的荷叶青翠圆润，朵朵荷花在微风的吹拂下摇曳飘举。

故乡遥远，何日归去？家住苏州，却长久客居京城。故乡的渔人是否还记得那年五月的事情？睡梦中，我仿佛和你们驾着一只小船，进入长满荷花的池塘。

这首词写雨后初晴的荷塘景色，抒发游子的思乡之情。上片描绘夏日清晨荷塘美景，下片抒发对故乡的思念之情。全词情景交融，语言质朴清新，将荷花的袅娜和对故乡的思念描绘得淋漓尽致。

玉楼春
yù lóu chūn

周邦彦

táo xī bú zuò cóng róng zhù　qiū ǒu jué lái wú xù chù　dāng
桃溪不作从容住❶，秋藕绝来无续处❷。当
shí xiāng hòu chì lán qiáo　jīn rì dú xún huáng yè lù
时相候赤阑桥❸，今日独寻黄叶路❹。
yān zhōng liè xiù qīng wú shù　yàn bèi xī yáng hóng yù mù
烟中列岫青无数❺，雁背夕阳红欲暮❻。
rén rú fēng hòu rù jiāng yún　qíng sì yǔ yú zhān dì xù
人如风后入江云，情似雨余粘地絮❼。

注释

❶桃溪：相传东汉刘晨、阮肇在浙江天台山桃溪遇到两位仙女。这里指所思恋女子居住的地方。❷绝：断。❸赤阑桥：有红色栏杆的桥。❹黄叶路：落满黄叶的路。❺列岫：成排的山峰。❻红欲暮：日将西沉，红得特别鲜艳。❼雨余：雨后。

解说

与桃溪仙女般的佳人相恋，却不能从容地长久居住，分别后断绝联系，就像秋藕折断后无法再相连。当年在有红色栏杆的桥上等候，今日却在落满黄叶的路上独寻旧梦。

暮霭之中，无数青山排列，雁背上的夕阳渐渐西沉。昔日的情人如被风吹入江中的彩云，不见踪影，我的痴情就像雨后粘在地上的柳絮般牢固。

这首词借历史典故来写追思情人而不能相见的惆怅之情，最后两句用生动的比喻手法，表现作者深深的思恋之情，自然而贴切，凸显了作者执着的情感。

明汪氏辑《诗余画谱》中的周邦彦《玉楼春》（桃溪不作从容住）词意图

作者简介 阮阅（生卒年不详）：北宋词人。字闳休，自号散翁，亦称松菊道人，舒城（今属安徽）人。宋神宗元丰八年进士。有《松菊集》、《诗话总龟》等。

yǎn ér mèi

眼儿媚

阮　阅

lóu shàng huáng hūn xìng huā hán　xié yuè xiǎo lán gān　yì shuāng yàn zǐ　liǎng háng zhēng yàn　huà jiǎo shēng cán

楼上黄昏杏花寒，斜月小栏杆。一双燕子，两行征雁❶，画角声残。

qǐ chuāng rén zài dōng fēng lǐ　wú yǔ duì chūn xián　yě yīng sì jiù　yíng yíng qiū shuǐ　dàn dàn chūn shān

绮窗人在东风里❷，无语对春闲❸。也应似旧，盈盈秋水❹，淡淡春山❺。

注释

❶征雁：远飞的大雁。❷绮窗：雕饰华美的窗棂。❸春闲：春天的闲愁。❹盈盈：水清浅的样子。秋水：这里比喻女子的眼睛。❺春山：这里比喻女子的双眉。

明汪氏辑《诗余画谱》中的阮阅《眼儿媚》（楼上黄昏杏花寒）词意图

解说

黄昏时登楼而望，只见杏花在微寒中开放，一弯斜月映照着小楼的栏杆。一对燕子归来，两行大雁北飞，远处传来断断续续的号角声。

华美的窗前，一位佳人立于春风之中，默默无语，闲愁万种。她还应和从前一样，眼睛如秋水般澄澈，眉毛似春山般秀美。

这是一首写别后相思的作品。上片写景，以景衬托出内心的孤寂和浓浓的思念之情；下片抒情，用怀想对方的情景来表达自己的深情，语淡情深，别具风格。

作者简介 汪藻（1079~1154）：南宋文学家。字彦章，饶州德兴（今属江西）人。宋徽宗崇宁进士，对金主张退让苟安，并要求削弱抗金将领的兵力。诗初学江西派，后学苏轼。擅长四六文，所作制诰颇有名。有《浮溪集》。

diǎn jiàng chún
点绛唇

汪　藻

xīn yuè juān juān　yè hán jiāng jìng shān xián dǒu　qǐ lái sāo shǒu　méi yǐng héng chuāng shòu
新月娟娟❶，夜寒江静山衔斗❷。起来搔首❸，梅影横窗瘦。

hǎo gè shuāng tiān　xián què chuán bēi shǒu　jūn zhī fǒu　luàn yā tí hòu　guī xìng nóng yú jiǔ
好个霜天，闲却传杯手❹。君知否？乱鸦啼后，归兴浓于酒❺。

注释

❶娟娟：明媚美好的样子。❷山衔斗：指星斗在两山之间，其状如口衔一般。斗：指北斗星座。❸搔首：挠头。❹传杯：指在宴会中传递酒杯而饮，以助酒兴。❺归兴：归家的兴致。

南宋杨无咎绘《墨梅图页》

解说

一弯新月挂在天边，皎洁轻盈，秋夜寒冷，江流澄澈，远山衔着北斗。我不能成眠，披衣而起，不停地搔首，窗间横斜着清瘦的梅花疏影。

好一个凉秋月夜的霜天，本该饮酒助兴，却没有兴致，闲置了传杯把盏手。你知道是怎么回事吗？听到乌鸦归巢的啼叫后，我归家的兴致比酒意要浓烈得多。

这首词是作者离任时所作，由于当时心情不快，向往过一种归隐生活。上片写夜景，下片抒发思归之情，通过对景物的刻画，委婉地写出心中的苦闷，表现手法极为含蓄。

作者简介 曹组（生卒年不详）：北宋词人。字元宠，颍昌（今河南许昌）人。宣和三年赐同进士出身，词以“侧艳”和“滑稽下俚”著称，一些词描写羁旅生活，感受真切，境界深远。有《箕颍集》。

bǔ suàn zǐ
卜算子

曹组

sōng zhú cuì luó hán　chí rì jiāng shān mù　yōu jìng wú rén
松竹翠萝寒❶，迟日江山暮❷。幽径无人

dú zì fāng　cǐ hèn píng shuí sù
独自芳，此恨凭谁诉❸？

sì gòng méi huā yǔ　shàng yǒu xún fāng lǚ　zhuó yì wén shí
似共梅花语❹，尚有寻芳侣❺。着意闻时

bù kěn xiāng　xiāng zài wú xīn chù
不肯香❻，香在无心处。

注释

❶翠萝：绿色地衣类植物，附着在松树等树皮上。❷迟日：春日。❸凭：靠。❹共：与。语：说，谈。❺尚有：还有。寻芳：探幽寻芳。❻着意：用心，刻意。

清吴昌硕绘《山谷幽兰图》

解说

春日山中暮霭升起，松竹翠萝略带寒意。在山谷无人的幽径上，兰花独自散发着芬芳，那种不被别人欣赏的遗恨能说给谁听呢？

既然无人欣赏，似乎只能与梅花说话了，在寂寞的深山中，也许还有探幽寻芳的人赏识。兰花刻意去闻时不觉得香，不经意间才有幽香传来。

这是一首咏空谷幽兰的词，表达山中兰花知音难觅的幽恨。作者托物言志，写幽兰多以淡墨渲染，反映作者渴望得到赏识，却又不失自己身份的心情。

rú mènglìng

如梦令

曹　组

mén wài lǜ yīn qiān qǐng　liǎng liǎng huáng lí xiāng yìng　shuì qǐ bú

门外绿阴千顷，两两黄鹂相应。睡起不

shèng qíng　xíng dào bì wú jīn jǐng　rén jìng　rén jìng　fēng dòng

胜情❶，行到碧梧金井❷。人静，人静。风动

yì tíng huā yǐng

一庭花影。

注释

❶不胜情：指禁不住为情思所扰。❷碧梧：梧桐。金井：装饰华丽的井栏。这里指庭院里的井。

解说

门外有千顷绿树的树荫，黄鹂两两交相呼应。我睡醒之后，寂寞之感令人难以承受，于是走到梧桐树下的井栏旁。我静悄悄的，静悄悄的。突然风一吹，满庭院的花影在风中摇曳。

这首词写思妇念远之情。词作以动衬静，以声衬静，又以环境的沉寂反衬心情的不平静，都是通过对视觉和听觉的描绘，表现自己的感情。最后一句以景结情，含蓄有味。

明汪氏辑《诗余画谱》中的曹组《如梦令》（门外绿阴千顷）词意图

作者简介

万俟咏（生卒年不详）：北宋末南宋初词人。字雅言，自号词隐、大梁词隐。哲宗元祐时以诗赋见称。善工音律，能自度新声。词学柳永。有《大声集》。

cháng xiāng sī
长相思 山驿

万俟咏

duǎn cháng tíng gǔ jīn qíng lóu wài liáng chán yí yùn shēng yǔ yú qiū gèng qīng
短长亭❶，古今情。楼外凉蟾一晕生❷，雨余秋更清❸。

mù yún píng mù shān héng jǐ yè qiū shēng hè yàn shēng xíng rén bú yào tīng
暮云平，暮山横。几叶秋声和雁声❹，行人不要听。

近代溥儒绘《秋林雁落图》

注释

❶短长亭：古时设在路旁的亭舍，常作饯别之所。十里一长亭，五里一短亭。❷凉蟾：指秋月。传说月中有蟾蜍，故用作月亮的代称。晕：指月亮周围的模糊光影，多认为是起风的预兆。❸雨余：雨后。❹和：应和。

解说

长亭连接短亭，古今行人经过这里时都充满愁情。楼外秋月出现月晕，雨后秋色更加凄清。

晚上的行云与山持平，山峰横卧在夜色中。几片秋叶坠落的瑟瑟声应和着北雁南飞的哀鸣，令行人不忍听。

这是一首写山中驿亭所见所感的小令。“不要听”，是不忍听，但又不得不听，行人内心的愁苦可以想见。全词以山中驿站周围的秋天景物渲染凄清的意境，反映出行人的羁旅之苦和孤寂心境。

诉衷情

sù zhōng qíng

万俟咏

yì biān qīng xiǎo xǐ huán jiā　sù zuì kùn liú xiá　yè lái xiǎo yǔ xīn jì　shuāng yàn wǔ fēng xié

一鞭清晓喜还家，宿醉困流霞❶。夜来小雨新霁❷，双燕舞风斜。

shān bú jìn　shuǐ wú yá　wàng zhōng shē　sòng chūn zī wèi　niàn yuǎn qíng huái　fēn fù yáng huā

山不尽，水无涯，望中赊❸。送春滋味，念远情怀，分付杨花❹。

注释

❶流霞：指美酒。❷新霁：雨后初晴。❸赊：这里是空阔的意思。❹分付：委托。

解说

一声鞭响打破拂晓的沉寂，我心情愉快地起程回家，昨晚酒醉此时还觉醉意未消。夜里的小雨已经停歇，天气转晴，一对燕子在晨风中上下翻飞。

回望归程，山无尽头，水无际涯，遥望竟那么浩渺无边。年年在异乡送春的伤感，思念远方亲人的痛苦情怀，还是都托付给报告暮春消息的杨花吧！

这首词写游子回家的喜悦之情。全词围绕着“喜”字落笔，处处流露归家的喜悦心情，结尾说把送春归去的愁苦和思念远方亲人的情怀都托付给杨花，轻松诙谐，别具韵味。

清任熊绘《桃柳双燕图》（局部）

cháng xiāng sī
长相思 雨

万俟咏

yì shēng shēng　yì gēng gēng　chuāng wài bā jiāo chuāng lǐ dēng　cǐ shí wú xiàn qíng
一声声，一更更❶。窗外芭蕉窗里灯❷，此时无限情。

mèng nán chéng　hèn nán píng　bú dào chóu rén bù xǐ tīng　kōng jiē dī dào míng
梦难成，恨难平。不道愁人不喜听，空阶滴到明。

民国潘振镛绘《仕女图》

注释

❶更：夜里记时单位，一夜分为五更，每更约两小时。❷芭蕉：一种叶子宽大的植物。

解说

一声声稠密的雨声，一更接一更地下个不停。窗里的人点着灯，听着窗外雨点打在芭蕉上噼里啪啦的响声，心中百感交集，无法平静。

好梦难成，怨恨不已。单调腻烦的雨滴不懂得满腹忧愁的屋中人不喜欢听，竟不停地下了一夜，窗前的台阶上，檐水一直滴到天亮。

这是一首借听雨写失眠愁情的词作。全词虽然没有一个“雨”字，但全是夜雨之声，作者借景抒情，表达了为情所困，精神上备受煎熬的痛苦。

作者简介 朱敦儒（1081~1159）：南宋词人。字希真，号岩壑老人，洛阳（今属河南）人。早年以清高自许，不愿做官。宋高宗绍兴五年赐进士出身，秦桧为相时，任鸿胪少卿。其词语言清新晓畅，多写隐居生活的闲适放浪；南渡后，也有感怀、激愤之作。今存词集《樵歌》。

临江仙
lín jiāng xiān

朱敦儒

zhí zì fèng huáng chéng pò hòu bò chāi pò jìng fēn fēi tiān
直自凤凰城破后❶，擘钗破镜分飞❷。天

yá hǎi jiǎo xìn yīn xī mèng huí liáo hǎi běi hún duàn yù guān xī
涯海角信音稀。梦回辽海北❸，魂断玉关西❹。

yuè jiě chóng yuán xīng jiě jù rú hé bú jiàn rén guī jīn chūn
月解重圆星解聚❺，如何不见人归？今春

hái tīng dù juān tí nián nián kàn sài yàn yī shí sì fān huí
还听杜鹃啼。年年看塞雁，一十四番回。

注释

❶凤凰城：汉唐对长安的美称，这里借指北宋都城汴京。❷擘钗破镜：借指夫妻离散。擘，分开。分飞：劳燕分飞。比喻夫妻分离。❸辽海：泛指辽河流域以东地区。❹玉关：玉门关。❺解：知道，懂得。星：这里指牛郎星和织女星。

清马骀绘《美人百态画谱》中的织女图

解说

自从金兵攻破都城汴京，我们便妻离子散，劳燕分飞。亲人远隔天涯海角，至今音信全无。常常梦回辽海北，夜夜魂断玉门关。

月亮知道缺后重圆，织女牛郎知道年年相见，为何不见亲人归来？今年春天依然听得见杜鹃的悲鸣。年年看着鸿雁从边塞飞来，至今已有十四年了。

这是作者以自己的悲惨经历，来感受亡国痛苦的词作。上片写离别的痛苦，下片则写对重逢的向往。作者在个人身世中寄托着亡国之悲，以小见大，境界开阔，写出了国破家亡的时代悲哀。

hǎo shì jìn

好事近 渔父词

朱敦儒

yáo shǒu chū hóng chén　xǐng zuì gèng wú shí jié　huó jì lǜ
摇首出红尘[1]，醒醉更无时节[2]。活计绿
suō qīng lì　guàn pī shuāng chōng xuě
蓑青笠[3]，惯披霜冲雪。
wǎn lái fēng dìng diào sī xián
晚来风定钓丝闲[4]，
shàng xià shì xīn yuè　qiān lǐ shuǐ tiān yí
上下是新月[5]。千里水天一
sè　kàn gū hóng míng miè
色，看孤鸿明灭[6]。

明沈周绘《沧浪钓船》

注释

❶摇首：摇头。红尘：尘世，这里指官场。❷更无时节：不论时刻。❸活计：生计。❹风定：风住。闲：静。❺上下：指天上和水中。❻明灭：忽明忽暗，这里指时隐时现。

解说

摇头离开这污浊的官场，酒醉酒醒不再受时间束缚。此后的生活就是身披绿色蓑衣，头戴青色斗笠，习惯顶着风霜雨雪在寒江垂钓。

晚上风停了，钓丝也不动，天上的一弯新月倒映水中。千里水天一色，空阔澄明，只见一只鸿雁在水天之间忽隐忽现。

这首词描写退出官场后恬淡的渔父生活。风平浪静的江景，反映了词人滢静的胸怀；缥缈的孤鸿，则是词人自由出没江湖的自我写照。全词语言清丽，写实与象征相结合，意境高远。

zhè gū tiān
鹧鸪天 西都作❶

朱敦儒

wǒ shì qīng dū shān shuǐ láng　tiān jiāo fēn fù yǔ shū kuáng
我是清都山水郎❷，天教分付与疏狂❸。
céng pī jǐ yǔ zhī fēng quàn　lěi shàng liú yún jiè yuè zhāng
曾批给雨支风券❹，累上留云借月章❺。
shī wàn shǒu　jiǔ qiān shāng　jǐ céng zhuó yǎn kàn hóu wáng
诗万首，酒千觞❻，几曾着眼看侯王？
yù lóu jīn què yōng guī qù　qiě chā méi huā zuì luò yáng
玉楼金阙慵归去❼，且插梅花醉洛阳。

注释

❶西都：北宋时称洛阳为西京，即西都。❷清都：传说中天帝的宫阙。山水郎：管山水的郎官。❸分付：吩咐，指派或命令。疏狂：狂放不受拘束。❹券：凭证，这里指帝王的诏命。❺累：多次。章：奏章。❻觞：酒杯。❼玉楼金阙：神仙、天帝所居的宫殿。慵：懒。

清苏六朋绘《簪花图》

解说

我是天宫管山水的郎官，上天赋予我狂放不羁的个性。曾批奏过支配风雨的手令，还多次呈上留云借月的奏章。

赋诗万首，饮酒千杯，何时正眼看过王侯将相？天上的宫阙我也懒得回去，就让我头插梅花，醉酒洛阳吧！

这首词表现作者狂放不羁的性格和洒脱的生活态度。上片通过想象写自己在天宫做官，暗含不理人间俗事；下片写只顾饮酒作乐，鄙视王侯将相，更显出可贵的高洁品质。

卜算子

朱敦儒

旅雁向南飞❶，风雨群相失。饥渴辛勤两翅垂，独下寒汀立❷。

鸥鹭苦难亲❸，矰缴忧相逼❹。云海茫茫无处归，谁听哀鸣急！

注释

❶旅雁：指冬天由北向南迁徙的鸿雁，这里比喻金兵进逼洛阳时，人们纷纷南逃。❷寒汀：冷落凄清的河中小洲。❸鸥鹭：即沙鸥、白鹭。❹矰：用丝绳系住的短箭。缴：系在箭上的丝绳。

解说

向南迁徙的鸿雁，在风雨中与雁群失散。饥渴辛苦的大雁双翅无力地下垂，只好孤独地立于清冷的河中小洲上。

沙鸥和白鹭苦于难以亲近，还要时时担心被弓箭射杀。茫茫云海中不知哪里是归宿，有谁听到它哀急的鸣叫呢？

这是一首咏物词。靖康元年十一月，金兵进逼洛阳，作者不得不离开家乡加入逃难的队伍南下。词中南飞的失群孤雁，象征靖康之变中百姓流离失所的境况。全词处处写雁，又处处在写自己的处境和心绪，反映的内容具有较强的时代色彩。

近代高培绘《芦雁图》

相见欢
xiāng jiàn huān

朱敦儒

金陵城上西楼❶，倚清秋❷。万里夕阳垂地，大江流。
jīn líng chéng shàng xī lóu, yǐ qīng qiū. wàn lǐ xī yáng chuí dì, dà jiāng liú.

中原乱❸，簪缨散❹，几时收？试倩悲风吹泪❺，过扬州。
zhōng yuán luàn, zān yīng sǎn, jǐ shí shōu? shì qiàn bēi fēng chuī lèi, guò yáng zhōu.

注释

❶金陵：今江苏省南京市。宋室南渡后，这里成为宋金隔江对峙的前沿。城上西楼：西门上的城楼。❷倚清秋：倚楼观看清冷的秋色。❸中原乱：金人侵占黄河流域一带，造成大乱。❹簪缨散：贵族显要纷纷逃散。簪缨：达官贵人的帽饰，代指北宋旧臣。❺倩：托请。悲风：凄厉的风。

解说

登上金陵城西的高楼，倚楼观看清冷的秋色。只见夕阳照着辽阔的大地，大江滚滚东流。

中原发生大的变乱，达官贵人纷纷逃散，不知什么时候才能收复失地？就让凄厉的秋风吹走我的眼泪，让它飘过扬州。

这是一首登临抒怀之作，上片写登楼所见清秋景色，下片抒发亡国之痛。全词景象宏大，意境深远，表达了词人强烈的爱国情怀，有岳飞《满江红》的风韵。

清王翚、杨晋等绘《康熙南巡图》中的金陵西门景致

作者简介

周紫芝（1082~？）：南宋文学家。字少隐，号竹坡居士，宣城（今属安徽）人。宋高宗绍兴进士。能诗词，有《太仓稊米集》等。

踏莎行
tà suō xíng

周紫芝

qíng sì yóu sī　rén rú fēi xù　lèi zhū gé dìng kōng xiāng
情似游丝❶，人如飞絮❷。泪珠阁定空相

qù　yì xī yān liǔ wàn sī chuí　wú yīn xì dé lán zhōu zhù
觑❸。一溪烟柳万丝垂，无因系得兰舟住❹。

yàn guò xié yáng　cǎo mí yān zhǔ　rú jīn yǐ shì chóu wú shù
雁过斜阳，草迷烟渚❺。如今已是愁无数。

míng zhāo qiě zuò mò sī liáng　rú hé guò dé jīn xiāo qù
明朝且做莫思量，如何过得今宵去？

注释

❶游丝：蜘蛛等吐出的飘在空中的长丝。❷飞絮：飘飞的柳絮。❸泪珠阁定：即泪眼凝视。阁：通“搁”，放置，此指停留。❹无因：无由，没办法。兰舟：船的美称。❺渚：水中的小块陆地。

清吴穀祥绘《柳荫系舟图》

解说

情如游丝般缠绕不尽，人似飞絮般随风而散。两双饱含泪珠的眼睛，空自相互凝视。溪边柳树含烟，垂下万条碧绦，却无法把一叶离舟系住。

一群大雁在斜阳里飞过，薄雾笼罩的沙洲绿草凄迷。面对如此苍凉的暮色，心中更感无限悲愁。切莫去想明日的事情，就是今夜怎样熬过还不知道呢？

这首词写离情别绪。词人通过比喻，写出漂泊不定的人生和缠绵无尽的离情，把凄怆的别情表现得哀怨悱恻，催人泪下。

作者简介

廖世美（生卒年不详）：南宋词人。据传为东至（今属安徽）人。现存词两首，均见于《唐宋诸贤绝妙词选》。

hǎo shì jìn
好事近 夕景

廖世美

luò rì shuǐ róng jīn tiān dàn mù yān níng bì lóu shàng shuí jiā hóng xiù kào lán gān wú lì
落日水熔金❶，天淡暮烟凝碧❷。楼上谁家红袖？靠栏干无力。

yuān yāng xiāng duì yù hóng yī duǎn zhào nòng cháng dí jīng qǐ yì shuāng fēi qù tīng bō shēng pāi pāi
鸳鸯相对浴红衣❸，短棹弄长笛❹。惊起一双飞去，听波声拍拍❺。

注释

❶熔：销熔，指金属熔化。❷凝：凝结。❸红衣：红色的羽毛。❹短棹：代指小船。❺拍拍：象声词，形容拍击声。

南宋张茂绘《双鸳鸯图》

解说

落日的余晖洒在水面，金光流溢，就像黄金熔化了似的；天色渐渐黯淡下来，暮霭笼罩的林木显得分外凝重。楼上穿红衣服的是哪家的姑娘？靠着栏杆显得有气无力。

一对鸳鸯相对着洗浴身上的红色羽毛，小船上有人在吹奏长笛。鸳鸯被笛声惊动，双双飞起，翅膀击水，发出啪啪的声响。

这是一首写闺情的词。作者在思念远别的情人，不断受到离愁别苦的煎熬。词以景寓情，通过景象，细致地刻画了女主人公内心的活动和感受，读来令人神伤。

清姜埂绘李清照画像

作者简介

李清照（1084~约1151）：南宋女词人。号易安居士，齐州章丘（今山东章丘西北）人。和赵明诚结为夫妻，开始生活安裕，南渡后，丈夫死去，生活颠沛流离，晚年孤寂。词作前期多写其悠闲生活，后期多慨叹身世，情调感伤。语言清丽，善用白描手法塑造鲜明形象。有《漱玉词》。

rú mèng lìng
如梦令

李清照

cháng jì xī tíng rì mù chén zuì bù zhī guī lù xìng jìn wǎn
常记溪亭日暮❶，沉醉不知归路。兴尽晚
huí zhōu wù rù ǒu huā shēn chù zhēng dù zhēng dù jīng qǐ
回舟❷，误入藕花深处❸。争渡❹，争渡，惊起
yì tān ōu lù
一滩鸥鹭❺。

清费丹旭绘《人物团扇》

注释

❶溪亭：临水的亭阁。❷兴尽：酒兴的高潮已经过去。❸藕花：荷花。❹争渡：有夺路而归的意思。❺鸥鹭：沙鸥与白鹭，两种水鸟。

解说

常常记起那个溪边的亭子，日暮时分，酒醉得厉害，以致找不到回家的路。酒兴过后在暮色中荡舟回家，却误闯入荷花盛开的深处。由于急于把小船撑出，竟把栖息在沙滩上的沙鸥和白鹭惊起，纷纷振翅高飞。

这是一首脍炙人口的小令，写的是作者青年时代悠闲、风雅生活的一个片断。这是一幅色彩明丽的画面，绿水、红荷、白鹭相辉映，情景融合，动静交织，画面极具生气。

如梦令（rú mèng lìng）

李清照

昨夜雨疏风骤❶，浓睡不消残酒❷。试问卷帘人❸，却道海棠依旧。知否？知否？应是绿肥红瘦❹！

zuó yè yǔ shū fēng zhòu, nóng shuì bù xiāo cán jiǔ. shì wèn juǎn lián rén, què dào hǎi táng yī jiù. zhī fǒu? zhī fǒu? yīng shì lǜ féi hóng shòu!

注释

❶雨疏风骤：雨狂风大。疏：疏狂。❷浓睡：指酒后酣睡。不消残酒：残余的酒意没有完全消失。❸卷帘人：指正在卷帘的侍女。❹绿肥红瘦：指肥硕的绿叶和凋残的红花。

明汪氏辑《诗余画谱》中的李清照《如梦令》（昨夜雨疏风骤）词意图

解说

昨夜风吹得很紧，雨下得很大，我从沉沉的睡梦中醒来，醉意还没有全消。小心地问那卷帘的侍女海棠花怎么样了，她却说海棠花还和从前一样。知道吗？知道吗？它应是绿叶更加茂盛，红花却已凋零了。

这是当时为文人所称道的惜春小令。词作用语新鲜，既形象地表现出暮春海棠的特点，又巧妙地表达了作者伤春、惜春的情怀。“绿肥红瘦”一句是对残败春景的高度概括，充满对春光逝去无可奈何的伤感。

点绛唇

李清照

蹴罢秋千❶，起来慵整纤纤手❷。露浓花瘦❸，薄汗轻衣透❹。

见客入来，袜刬金钗溜❺。和羞走，倚门回首，却把青梅嗅。

注释

❶蹴：踢，踩。这里指荡秋千的动作。❷慵整：懒散、漫不经心地活动。纤纤手：形容女子细嫩柔美的手。❸花瘦：这里形容娇小的花苞未绽放时的情状。❹轻衣：指薄罗裳。❺袜刬：指未穿鞋，只着袜而行。溜：滑下。

清包栋绘《梅花仕女图》

解说

荡过秋千，少女站起来，已没力气活动一下那双细嫩柔美的手。浓浓的露珠落在娇小的花苞上，薄薄的罗裳已被香汗湿透。

忽然看见有陌生人进来，来不及穿鞋，只穿袜子就跑，头上的金钗滑到地上。含羞走时，又想知道来人是谁，便倚门回头偷看，还假装闻一闻青梅来掩饰自己的窘态。

这首词是李清照少女时代的生活写照。上片回忆荡完秋千后的情形，下片写见有人来后的表现。通过几个细节描写，把少女惊诧、恐慌、含羞、好奇的内心活动，刻画得栩栩如生。

yì jiǎn méi

一剪梅

李清照

hóng ǒu xiāng cán yù diàn qiū qīng jiě luó cháng dú shàng

红藕香残玉簟秋❶。轻解罗裳❷，独上

lán zhōu yún zhōng shuí jì jǐn shū lái yàn zì huí shí yuè mǎn

兰舟❸。云中谁寄锦书来❹？雁字回时❺，月满

xī lóu

西楼。

huā zì piāo líng shuǐ zì liú yì zhǒng xiāng sī liǎng chù xián

花自飘零水自流。一种相思，两处闲

chóu cǐ qíng wú jì kě xiāo chú cái xià méi tóu què shàng xīn tóu

愁。此情无计可消除，才下眉头，却上心头❻。

注释

❶红藕：红荷花。玉簟：竹席的美称。❷罗裳：用质地轻柔的丝织品做成的衣裙。❸兰舟：木兰舟，船的美称。❹锦书：书信的美称。❺雁字：雁群。雁群飞行时排成“一”字或“人”字。❻却：反倒。

清费以耕绘《泛舟仕女图》

解说

荷花已经香消花残，竹席也渐生凉意。小心地换下单薄的衣裳，独自坐船出游。天上白云片片，是谁从远方捎了信来？排成人字的雁群向南飞回时，只有月光洒满西楼。

落花空自飘零，流水依旧东流。一样的相思之情，却有着两地的别恨离愁。这种愁情无法排遣，刚从紧锁的眉头上消除，反倒又袭上心头。

这首词写相思之情。上片渲染孤独寂寞之感，下片写难以化解的愁情。全词结构工整，表现手法巧妙，具有极高的艺术欣赏价值，尤其结尾三句，传神地表达出无计消除的离愁，成为历代传诵的名句。

zuì huā yīn

醉花阴

李清照

bó wù nóng yún chóu yǒng zhòu ruì nǎo xiāo jīn shòu jiā

薄雾浓云愁永昼❶，瑞脑消金兽❷。佳

jié yòu chóng yáng yù zhěn shā chú bàn yè liáng chū tòu

节又重阳❸，玉枕纱厨❹，半夜凉初透。

dōng lí bǎ jiǔ huáng hūn hòu yǒu àn xiāng yíng xiù mò dào

东篱把酒黄昏后❺，有暗香盈袖❻。莫道

bù xiāo hún lián juǎn xī fēng rén bǐ huáng huā shòu

不消魂❼，帘卷西风，人比黄花瘦❽。

注释

❶永昼：漫长的白天。❷瑞脑：又叫龙脑，是一种香料。金兽：兽形铜香炉。❸重阳：重阳节，在农历九月初九。❹玉枕：光洁如玉的瓷枕。纱厨：即碧纱橱，有绿色纱帐的床。❺东篱：指菊园。晋陶渊明有“采菊东篱下”诗句。❻暗香：这里指菊花的幽香。❼消魂：指不胜感伤。❽黄花：菊花。

近代潘振镛绘《桐荫仕女图》

解说

薄雾浓云一如我的愁绪整天缭绕，兽形香炉里的香已渐渐燃尽。又到重阳佳节，天气转凉，夜里瓷枕和纱帐都被凉气浸透。

黄昏后在菊园饮酒，菊花的幽香充满人的衣袖。不要说不黯然神伤，当萧瑟的西风把帘子卷起，你会看到屋里那个人比菊花还瘦削。

这首词为重阳佳节思念亲人之作，描写从白天到夜半的情景和词人的愁苦心情。后两句“帘卷西风，人比黄花瘦”，用语新奇，细腻地表现出女性多愁善感的心理，历来为人们所传诵。

shēng shēng màn
声声慢

李清照

xún xún mì mì lěng lěng qīng qīng qī qī cǎn cǎn qī qī
寻寻觅觅，冷冷清清，凄凄惨惨戚戚[1]。

zhà nuǎn hái hán shí hòu zuì nán
乍暖还寒时候[2]，最难
jiāng xī sān bēi liǎng zhǎn dàn
将息[3]。三杯两盏淡
jiǔ zěn dí tā wǎn lái fēng
酒[4]，怎敌他、晚来风
jí yàn guò yě zhèng shāng
急[5]？雁过也，正伤
xīn què shì jiù shí xiāng shí
心，却是旧时相识。

mǎn dì huáng huā duī jī
满地黄花堆积，
qiáo cuì sǔn rú jīn yǒu shuí kān
憔悴损，如今有谁堪
zhāi shǒu zhe chuāng ér dú
摘[6]？守着窗儿，独
zì zěn shēng dé hēi wú tóng
自怎生得黑[7]？梧桐
gèng jiān xì yǔ dào huáng hūn
更兼细雨，到黄昏、
diǎn diǎn dī dī zhè cì dì
点点滴滴。这次第[8]，
zěn yí gè chóu zì liǎo dé
怎一个愁字了得[9]！

清王素绘《仕女图》

注释

❶戚戚：伤心的样子。❷乍：忽。❸将息：调养，休息。❹盏：杯。❺敌：抵挡，受得住。❻堪摘：能够采摘。❼怎生得黑：怎么才能挨到天黑。怎生：怎么。❽次第：情形、光景。❾了得：包含得了，概括得了。

解说

茫茫然到处寻找，可眼前一片冷清萧条，心中倍感凄惨悲戚。忽暖忽寒的天气，让人最难调养休息。三杯两盏薄酒，怎能抵御傍晚时的萧萧急风。天上大雁飞过，正独自伤心，却发现大雁竟是旧时相识。

地上到处是堆积的菊花，但都已憔悴凋零，如今还有谁会去摘呢？整日守在窗前，独自一人怎样才能挨到天黑呢？细雨落在梧桐树上，点点滴滴直到黄昏。这样的情形，用一个“愁”字怎能概括得了呢？

清陆恢绘《仕女图》

这是作者后期词作的代表作，以女性特有的细腻，描绘出秋日黄昏的凄凉景色，抒发了国破夫亡后孤独、凄苦的生活感受。全词愁情复叠，不胜其悲，尤其词中多用叠词，更增加了哀婉缠绵的情韵。

pú sà mán
菩萨蛮

李清照

fēng róu rì bó chūn yóu zǎo jiá shān zhà zhuó xīn qíng hǎo
风柔日薄春犹早❶，夹衫乍著心情好❷。
shuì qǐ jué wēi hán méi huā bìn shàng cán
睡起觉微寒，梅花鬓上残❸。
gù xiāng hé chù shì wàng liǎo chú fēi zuì chén shuǐ wò shí
故乡何处是？忘了除非醉。沉水卧时
shāo xiāngxiāo jiǔ wèi xiāo
烧❹，香消酒未消。

注释

❶日薄：太阳光轻柔。春犹早：春刚到。❷夹衫：双层的衣服。乍著：刚刚穿上。❸鬓：鬓角。❹沉水：香料名，即沉香。

解说

春天刚到，太阳虽不是多暖，但风已变得轻柔，换上轻便的春衫，心情非常愉快。毕竟是早春，睡起之后感觉有些寒意，插在鬓上的梅花也被压残。

哪里是我的故乡呢？要忘记它除非让自己沉醉。躺下时点的沉香已经燃尽，酒意却还没有消退。

这首词写对故乡的深深思念。上片回忆故乡早春的景色，下片写思乡之情。这首词既写对故乡的思念，又有对占领故乡金国统治者的愤恨。最后两句以沉香燃尽而酒醉未消写乡愁之深，笔法委婉，富有韵味。

清费丹旭绘《仕女图》

wǔ líng chūn

武陵春

李清照

fēng zhù chén xiāng huā yǐ jìn　rì wǎn juàn shū tóu　wù shì rén

风住尘香花已尽❶，日晚倦梳头。物是人

fēi shì shì xiū　yù yǔ lèi xiān liú

非事事休，欲语泪先流。

wén shuō shuāng xī chūn shàng hǎo　yě nǐ fàn qīng zhōu

闻说双溪春尚好❷，也拟泛轻舟❸。

zhǐ kǒng shuāng xī zé měng zhōu　zài bú dòng　xǔ duō chóu

只恐双溪舴艋舟❹，载不动，许多愁。

注释

❶尘香：尘土里散发出落花的香气。❷双溪：在今浙江省金华市东南。❸拟：打算。❹舴艋舟：小船。

清费丹旭绘《仕女团扇》

解说

风停之后，花儿已凋零殆尽，只有尘土中还残留着花的芳香，已是傍晚时分，还懒得去梳头。景物依旧而人事已完全不同，未曾开口说话，泪水却先流了下来。

听说双溪的春色还不错，也打算泛舟去游赏。只恐怕双溪的舴艋舟太小了，不能承载我心中如此多的忧愁。

这首词是作者晚年避难金华时所作，写离乱之苦和物是人非的家国之悲。满腹的忧愁不仅使作者无心梳妆打扮，也无意于山水之游。作者把愁写成有重量的东西，化无形为有形，立意新颖，富于形象，别具韵味。

南歌子（nán gē zǐ）

李清照

天上星河转❶，人间帘幕垂。凉生枕簟泪痕滋❷，起解罗衣聊问夜何其❸。

翠贴莲蓬小❹，金销藕叶稀❺。旧时天气旧时衣，只有情怀不似旧家时❻。

注释

❶星河：银河，到秋天转向东南。❷枕簟：枕头和竹席。滋：增益，加多。❸聊：且。何其：如何。其，表示疑问的语气词。❹翠贴，即贴翠，以翠羽贴饰。❺金销：即销金，以金线嵌绣。❻情怀：心情。旧家：从前，宋时惯用语。

解说

天上的银河流转，人间的闺房帘幕低垂。枕席生凉，被更多的泪水沾湿，我起来解开绸裙，且问夜到了何时。

衣服上用翠羽贴成的莲蓬很小，用金线嵌绣的莲叶很稀。秋凉天气如旧，金翠绸衣如旧，只有自己的心情不似当年了。

这首词描写秋夜情怀的悲苦，上片由景及事，下片睹物感怀，真切地描绘出词人对生活变迁的感叹。结尾两句连用三个“旧”字，突出词人对昔日的怀念，也衬托出眼前情景的凄清，读来令人心酸。

清王云绘《仕女图》

yú jiā ào

渔家傲

李清照

tiān jiē yún tāo lián xiǎo wù xīng hé yù zhuǎn qiān fān wǔ fǎng
天接云涛连晓雾❶，星河欲转千帆舞❷。仿
fú mèng hún guī dì suǒ wén tiān yǔ yīn qín wèn wǒ guī hé chù
佛梦魂归帝所❸。闻天语❹，殷勤问我归何处❺？
wǒ bào lù cháng jiē rì mù xué shī màn yǒu jīng rén jù
我报路长嗟日暮❻，学诗谩有惊人句❼。
jiǔ wàn lǐ fēng péng zhèng jǔ fēng xiū zhù péng zhōu chuī qǔ sān shān
九万里风鹏正举❽。风休住，蓬舟吹取三山
qù
去❾！

清袁耀绘《蓬莱仙境图》

注释

❶云涛：像波涛起伏的云彩。❷星河：银河。❸帝所：天帝的住所。❹天语：天帝说话。❺殷勤：情意恳切深厚。❻报：回答。嗟：嗟叹。❼谩：空有。❽举：高飞。❾蓬舟：像蓬草一样的轻舟。三山：传说渤海中有三座仙山，即蓬莱、方丈、瀛洲。

解说

天边起伏的云涛连接着弥漫的晓雾，银河流转，像千艘船只在扬帆飞舞。我的梦魂仿佛回到天宫。听到天帝说话，他关切地问我要到哪里去？

我回答说，人生之路很漫长，可叹已是日暮，我只会写诗，空有惊人的诗句。我要像大鹏一样乘风飞上九万里高空。风啊，不要停住，请把我这轻如蓬草的小船吹到海上仙山去吧！

这首词写奇幻梦境，以抒发志向。作者用浪漫主义手法表达自己追求理想的豪情壮志，和向往无拘无束生活的心愿。词作意境开阔，气魄豪迈，显示出这位婉约派词人豪放的一面。

作者简介 吕本中（1084~1145）：南宋诗人。字居仁，号紫微，世称东莱先生，寿州（治今安徽凤台）人。宋高宗时赐进士出身，后被秦桧罢官。其诗颇受黄庭坚、陈师道影响，后诗风趋于明畅，南渡后也有悲慨时事之作。有《东莱先生诗集》。

cǎi sāng zǐ
采桑子

吕本中

hèn jūn bú sì jiāng lóu yuè nán běi dōng xī nán běi dōng xī zhǐ yǒu xiāng suí wú bié lí
恨君不似江楼月❶，南北东西。南北东西，只有相随无别离❷。

hèn jūn què sì jiāng lóu yuè zàn mǎn hái kuī zàn mǎn hái kuī dài dé tuán yuán shì jǐ shí
恨君却似江楼月，暂满还亏❸。暂满还亏，待得团圆是几时❹？

清冷枚绘《桐荫仕女图》

注释

❶江楼：靠在江边的阁楼。❷相随：指月影随人。❸暂：暂时。亏：亏缺，意指月缺。❹待得：等到。

解说

怨恨郎君不像那挂在江边阁楼上的明月，无论南北还是东西，都能照着江边的阁楼。无论南北还是东西，天天紧紧相随永不分离。

怨恨郎君却像那挂在江边阁楼上的明月，刚得圆满，却又要亏缺。刚得圆满，却又要亏缺，要想永远团圆不知要等到什么时候？

这首小令描写一个相思女子的形象。全词语言通俗，饶有民歌风味，作者把借月亮来抒发相思之情的传统主题表现得新颖别致，把女子那种无法摆脱的相思之愁也表现得淋漓尽致。

作者简介 向子諲（1085~1152）：南宋文学家。字伯恭，号芗林居士，临江清江（今江西樟树）人。宋高宗时，累官户部侍郎，因反对秦桧议和，罢官。其诗以南渡为界，前期风格绮丽，南渡后多伤时忧国之作。有《酒边词》。

秦楼月
qín lóu yuè

向子諲

fāng fēi xiē　gù yuán mù duàn shāng xīn qiè　shāng xīn qiè
芳菲歇❶，故园目断伤心切❷。伤心切，
wú biān yān shuǐ　wú qióng shān sè
无边烟水，无穷山色。
kě kān gèng jìn qián lóng jié　yǎn zhōng lèi jìn kōng tí xuè
可堪更近乾龙节❸，眼中泪尽空啼血❹。
kōng tí xuè　zǐ guī shēng wài　xiǎo fēng cán yuè
空啼血，子规声外❺，晓风残月。

注释

❶芳菲歇：指花草已经凋落。❷故园：这里指故国，沦陷的国土。❸可堪：何况。乾龙节：指农历四月十三日，北宋钦宗皇帝的生日。古人往往用“乾龙”比喻帝王。❹啼血：本指杜鹃鸟悲鸣至喉咙流血而亡，这里指人极度悲痛。❺子规：即杜鹃鸟。

清人绘宋钦宗画像

解说

花草已经凋零，登高遥望沦陷的故园，伤心欲绝。伤心欲绝，眼前只有无边无际的迷蒙江水，和那无穷无尽的山川景色。

怎能忍受，又快接近钦宗皇帝的生日，可他却身陷北国；眼中的泪已经流干，只有白白地伤心泣血。白白地伤心泣血，杜鹃声声悲鸣，料峭的晨风中，天边挂着一钩残月。

这是靖康之变后，作者抒写故国沧桑悲凉的词作。全词感情真挚，情景交融，以花鸟起兴，思乡之愁与亡国之恨交织在一起，读来令人心碎。

作者简介

李持正（生卒年不详）：南宋词人。字季秉，莆田（今属福建）人。宋徽宗政和五年进士。事迹见《莆阳文献传》。

人月圆
（rén yuè yuán）

李持正

小桃枝上春风早，初试薄罗衣❶。年年乐事，华灯竞处，人月圆时❷。
（xiǎo táo zhī shàng chūn fēng zǎo, chū shì báo luó yī. nián nián lè shì, huá dēng jìng chù, rén yuè yuán shí.）

禁街箫鼓❸，寒轻夜永，纤手重携❹。更阑人散❺，千门笑语，声在帘帏❻。
（jìn jiē xiāo gǔ, hán qīng yè yǒng, xiān shǒu chóng xié. gēng lán rén sàn, qiān mén xiào yǔ, shēng zài lián wéi.）

注释

❶罗衣：用丝织品制成的春衫。❷人月圆时：指人间的团聚与月亮的圆满之时。❸禁街：都城的街道。❹纤手：指女人的纤纤素手。携：携带。❺更阑：夜深。❻帏：帷幕。

台北故宫博物院藏清院本《清明上河图》（局部），描绘北宋都城汴京的繁华景象

解说

早春的风吹得桃枝吐绿，人们开始换上轻薄的春衫。年年最快乐的事是彩灯竞放，天上月圆满，世间人团圆。

都城的街道上箫鼓喧闹，春寒料峭的漫漫长夜，我重携心上人的纤手游乐。直到夜深人散，笑声散入千家万户，笑语声从帷幕间传来。

这首词写北宋都城汴京元宵节的欢乐情景。作者采用以小见大的写作手法，把自己的幸福融入人间的欢乐之中，是全词最显著的艺术特色。元宵灯会的描写虽着墨不多，却写得其乐融融，意趣高远。

作者简介

李重元（生卒年不详）：南宋词人。南宋黄升编《花庵词选》、《全宋词》收其《忆王孙》词四首，分咏春、夏、秋、冬四季。

yì wáng sūn
忆王孙 春词

李重元

qī qī fāng cǎo yì wáng sūn liǔ wài gāo lóu kōng duàn hún
萋萋芳草忆王孙❶。柳外高楼空断魂❷。
dù yǔ shēng shēng bù rěn wén yù huáng hūn yǔ dǎ lí huā shēn bì mén
杜宇声声不忍闻❸。欲黄昏，雨打梨花深闭门。

注释

❶萋萋芳草忆王孙：化用《楚辞·招隐士》“王孙游兮不归，春草生兮萋萋”句意。萋萋：草木茂盛的样子。王孙：指贵族公子。❷断魂：形容极度悲伤。❸杜宇：即杜鹃鸟，鸣于春末，鸣声如“不如归去”，极为悲切。

佚名绘《凭栏仕女图》

解说

茂盛的青草不免引人思念远在他乡的游子。在杨柳掩映的高楼上，一个女子凭栏远眺，徒然伤心断魂。更有那杜鹃凄厉的啼叫，令人难过得听不下去。黄昏渐近，雨点打在梨花上，只好把房门紧紧关上，独自挨过苦闷的时光。

这首词写春愁闺怨。作者借景抒情，写景由大到小，由内到外，极力表现春末昏暗凄迷的景色，并由此渲染出思妇的孤寂情怀，将相思之愁写得哀婉缠绵。

作者简介

乐婉（生卒年不详）：南宋杭州艺妓，为施酒监所悦。施曾有词相赠，乐婉有词和之。

bǔ suàn zǐ

卜算子 答施

乐婉

xiāng sī sì hǎi shēn, jiù shì rú tiān yuǎn. lèi dī

相思似海深，旧事如天远。泪滴

qiānqiānwànwànháng, gèng shǐ rén、chóuchángduàn.

千千万万行，更使人、愁肠断。

yào jiàn wú yīn jiàn, pàn liǎo zhōng nán pàn. ruò shì qián shēng

要见无因见❶，拚了终难拚❷。若是前生

wèi yǒu yuán, dài chóng jié、lái shēngyuàn.

未有缘，待重结、来生愿。

注释

❶无因：没有办法。❷拚了：指绝了（念头），死了心。

清沙馥绘《碧梧秋思图》

解说

思念如海一般深，往事也如天一般远。泪水流了千千万万行，忧愁快要将人的柔肠磨断。

没有办法相见，但了断这份情意终究也难。要是前生没有缘分让我们今生在一起，愿我们来世再重聚吧！

这是一个女子致离别爱人的词，直抒胸臆，明白如话。上片写相思的苦楚，淋漓尽致；下片写相思的无奈，动人心肠，表现了一位风尘女子对爱情誓死不渝的品格。

作者简介 张元幹（1091~约1170）：南宋词人。字仲宗，号芦川老隐、真隐山人，永乐（今属福建）人。因词作赠送主战派，被秦桧削除官籍。其词风格豪迈。有《芦川归来集》、《芦川词》。

huàn xī shā
浣溪沙

张元幹

shān rào píng hú bō hàn chéng hú guāng dào yǐng jìn shān qīng
山绕平湖波撼城❶，湖光倒影浸山青。

shuǐ jīng lóu xià yù sān gēng
水晶楼下欲三更❷。

wù liǔ àn shí yún dù yuè lù hé fān chù
雾柳暗时云度月，露荷翻处

shuǐ liú yíng xiāo xiāo sàn fà dào tiān míng
水流萤❸。萧萧散发到天明❹。

清戴熙绘《烟江夜月图》

注释

❶平湖：位于浙江省嘉兴市东南。撼：摇动。❷水晶楼：形容月光下水边的楼阁明澈如水晶。❸流萤：飞行不定的萤火虫。这里形容水珠流动时闪亮晶莹的样子。❹萧萧：指头发稀疏。

解说

青山环绕着平湖，波浪摇撼着古城，湖光映出青山的倒影。在明澈如水晶的楼下观赏夜景，已到三更。

当浮云遮住月亮，夜雾中的柳树顿时显得暗淡，而水中含露的荷叶随风轻摇，水珠闪烁，就像无数的流萤在不断闪光。我披散着稀疏的头发，独自坐到天明。

这首词写月夜欣赏江南水乡景色的闲适心情。上片以写湖水为中心，下片写在水晶楼看到的夜景。词既写湖光山色之美，又写出作者沉浸在自然风光中的流连神态，流露出一种闲适、潇洒的超脱情怀。

菩萨蛮

pú sà mán

张元幹

chūn lái chūn qù cuī rén lǎo　lǎo fū zhēng kěn shū nián shào
春来春去催人老，老夫争肯输年少❶？
zuì hòu shào nián kuáng　bái zī shū wèi fáng
醉后少年狂，白髭殊未妨❷。
chā huā hái qǐ wǔ　guǎn lǐng fēng guāng chù　bǎ jiǔ gòng liú
插花还起舞，管领风光处❸。把酒共留
chūn　mò jiào huā xiào rén
春，莫教花笑人。

注释

❶争肯：怎么肯。❷髭：嘴上边的胡子，这里泛指胡须。❸管领风光：指尽情占有和享受春光。化用白居易《早春晚归》“金谷风光依旧在，无人管领石家春”诗意。

解说

春来春去，时光飞逝催人老，可是一腔赏春、惜春的情怀怎肯轻易输给年轻人？酒醉之后像少年一样狂放不羁，胡须斑白又有什么关系呢？

头上插着花起身狂舞，要尽情享受春光。让我们举杯痛饮，共同留住春光，不要让花儿笑我们不懂得爱惜春光。

这是一首惜春之作。一反一般惜春词的哀伤、愁闷情调，充满自信、乐观之情。词作语言质朴，构思独特，情调旷达，表现了作者不服老的洒脱胸襟，具有一种自然、真实之美。

清钱慧安绘《簪花图》

明人绘岳飞画像

作者简介

岳飞（1103~1142）：南宋初抗金名将。字鹏举，相州汤阴（今河南汤阴）人。20岁从军，屡败金兵，战功卓著。后被秦桧以“莫须有”的罪名杀害。孝宗时，追谥武穆。宁宗时追封鄂王。有《岳武穆遗文》。

xiǎo chóng shān

小重山

岳飞

zuó yè hán qióng bú zhù míng jīng huí qiān lǐ mèng yǐ sān gēng qǐ lái dú zì rào jiē xíng rén qiāoqiāo lián wài yuè lóngmíng

昨夜寒蛩不住鸣❶，惊回千里梦❷，已三更。起来独自绕阶行，人悄悄，帘外月胧明❸。

bái shǒu wèi gōng míng jiù shān sōng zhú lǎo zǔ guī chéng yù jiāng xīn shì fù yáo qín zhī yīn shǎo xiánduàn yǒu shuí tīng

白首为功名❹，旧山松竹老❺，阻归程。欲将心事付瑶琴❻，知音少，弦断有谁听？

注释

❶寒蛩：深秋的蟋蟀。❷千里梦：收复中原之梦。❸胧明：朦胧。❹功名：此指驱逐金兵，收复失地而建功立业。❺旧山：指故乡的山。❻瑶琴：饰以美玉的琴。

明仇英绘《听琴图》

解说

昨天蟋蟀不停地鸣叫，把我从收复中原失地的梦中惊醒，此时夜已三更。起来独自绕着台阶散步，静悄悄没有人声，帘外的月色朦朦胧胧。

为了建功立业，我已头发全白，即便故乡的山林松竹老了，仍被重重困难阻住回乡的脚步。想要把心事交付给瑶琴弹奏，然而缺少知音，纵使琴弦弹断了又有谁会听呢？

这是一首抒怀之作。岳飞组织抗金斗争，不仅遭到阻挠，还深受迫害，所以发出了知音难觅的慨叹。全词运用伯牙鼓琴的典故，表达了作者壮志难酬、知音难觅的孤愤之情。

mǎn jiāng hóng
满江红

岳 飞

nù fà chōng guān　píng lán chù　xiāo xiāo yǔ xiē　tái wàng yǎn　yǎng tiān cháng xiào　zhuàng huái jī liè　sān shí gōng míng chén yǔ tǔ　bā qiān lǐ lù yún hé yuè　mò děng xián　bái liǎo shào nián tóu　kōng bēi qiè

怒发冲冠❶，凭栏处、潇潇雨歇❷。抬望眼❸，仰天长啸，壮怀激烈。三十功名尘与土❹，八千里路云和月❺。莫等闲、白了少年头❻，空悲切。

jìng kāng chǐ　yóu wèi xuě　chén zǐ hèn　hé shí miè　jià cháng chē　tà pò hè lán shān quē　zhuàng zhì jī cān hú lǔ ròu　xiào tán kě yǐn xiōng nú xuè　dài cóng tóu　shōu shí jiù shān hé　cháo tiān què

靖康耻❼，犹未雪。臣子恨，何时灭？驾长车，踏破贺兰山缺❽。壮志饥餐胡虏肉❾，笑谈渴饮匈奴血❿。待从头、收拾旧山河，朝天阙⓫。

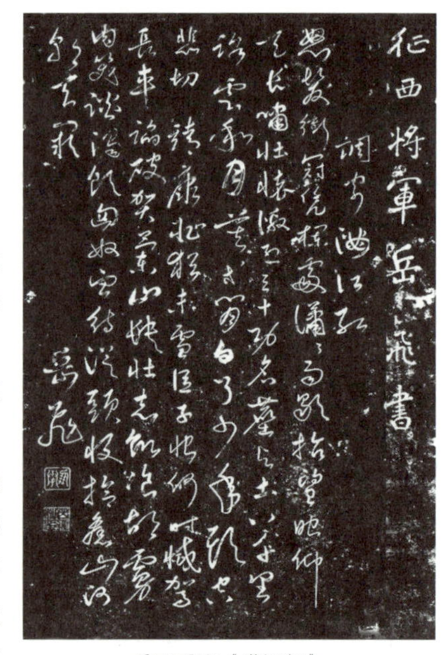
岳飞手迹《满江红》

注释

❶怒发冲冠：形容愤怒得头发根根竖起，把帽子都顶了起来。❷处：时。潇潇：形容风雨急骤。❸抬望眼：抬头遥望。❹三十：三十岁，此为约数。功名：指收复失地而建功立业。尘与土：比喻微不足道。❺云和月：比喻风霜雨雪中的艰苦作战生活。❻等闲：轻易，随便。❼靖康耻：北宋靖康元年（1126年），金兵攻破汴京（今河南开封），次年将徽宗、钦宗二帝和皇室成员、文武百官掳往金国，北宋灭亡。❽长车：战车。贺兰山：在

清代年画《精忠传》，取材于《说岳全传》，讲述岳飞精忠报国的故事

今宁夏与内蒙古交界处，当时为金人所占。缺：指山口。❾胡虏：对金兵的蔑称。❿匈奴：古代北方少数民族，此处借指金人。⓫朝天阙：朝见皇帝。天阙：京城的宫殿，代指皇帝。

解说

愤怒的头发把帽子都顶了起来，我倚靠着栏杆的地方，急骤的暴雨刚刚停歇。抬眼向远处望去，不禁仰天长啸，满怀壮志在啸声中激荡。想到自己年已三十，功名却如尘土一般微不足道，转战八千里，路上只有云和月作伴。一定不要随便虚度年华，到了头发花白时徒然后悔悲叹。

靖康之变的国耻还没有洗雪，作为宋朝臣子，心里的仇恨何时才能泯灭？必要驾着战车，踏破贺兰山的山口。壮志同仇，饿了恨不得吃金人的肉，渴了恨不得喝金人的血。且看我重新收复北宋故土，到那时再去朝见皇帝。

这是一首充满爱国激情的词章。上片写功业未成、壮志未酬的无限感慨，下片写誓扫敌寇、收复中原的壮烈情怀。全词音调激越，气势豪迈，充满高昂的爱国热情和必胜信念，具有极强的艺术感染力。千百年来，代代传诵，成为国家危急存亡之时鼓舞士气、激发斗志的不朽篇章。

清人绘《历代名臣像解》中的岳飞画像

mǎn jiāng hóng

满江红 登黄鹤楼有感[1]

岳 飞

yáo wàng zhōng yuán huāng yān wài xǔ duō chéng guō xiǎng
遥望中原，荒烟外、许多城郭。想
dāng nián huā zhē liǔ hù fèng lóu lóng gé wàn suì shān qián zhū
当年，花遮柳护，凤楼龙阁[2]。万岁山前珠
cuì rào péng hú diàn lǐ shēng gē zuò dào ér jīn tiě qí mǎn
翠绕[3]，蓬壶殿里笙歌作[4]。到而今、铁骑满
jiāo jī fēngchén è
郊畿[5]，风尘恶[6]。

bīng ān zài gāo fēng è mín ān zài tián gōu hè
兵安在？膏锋锷[7]。民安在？填沟壑[8]。
tàn jiāng shān rú gù qiān cūn liáo luò hé rì qǐng yīng tí ruì
叹江山如故，千村寥落[9]。何日请缨提锐
lǚ yì biān zhí dù qīng hé luò què guī lái zài xù hàn
旅[10]，一鞭直渡清河洛[11]？却归来、再续汉
yáng yóu qí huáng hè
阳游[12]，骑黄鹤。

元夏永绘《黄鹤楼》图册

佚名绘《山水楼阁图》

注释

❶黄鹤楼：传说仙人王子安乘黄鹤仙游于此而得名。故址在今湖北武汉武昌蛇山黄鹤矶桥头。❷凤楼龙阁：指皇宫内雕饰华美的宫殿楼阁。❸万岁山：宋徽宗时所建的大型宫廷园林。珠翠：代指后宫嫔妃。❹蓬壶殿：万岁山中的一座宫殿。❺郊畿：京城的郊区。这里泛指以汴京为中心的千里中原地区。❻风尘：借指战乱。❼膏锋锷：以血肉滋润刀锋箭刃，指士兵死于刀箭。❽沟壑：溪谷沟渠。❾寥落：形容人烟稀少，荒凉冷落。❿请缨：请战。提锐旅：率领精锐部队。⓫河洛：黄河洛水流域，指中原地区。⓬却：返。

解说

登楼遥望中原，许多城廓散布在荒烟之外。想当年，那些凤楼龙阁都在花遮柳护之中，很是美丽壮观。宫庭中的万岁山前，嫔妃们绕山游赏；蓬壶殿里，笙歌不绝。而如今，金人的军队充斥中原，给百姓造成深重的灾难。

抗金战士在哪里？他们血染刀锋，战死沙场。百姓在哪里？他们抛尸荒野，填充沟壑。可叹的是，江山依旧在，却已是满目荒凉，千村寥落。什么时候才能够请战，率领精锐部队，直渡黄河洛水，一举肃清入侵者呢？到那时，回归故里，再像仙人一样骑着黄鹤，重游汉阳。

这首词为岳飞登临黄鹤楼所作，以时间为序，层次清晰，语言明快。全词慷慨激昂，抒发了作者以天下为己任的浩然胸襟和爱国忧民的博大情怀。

天津杨柳青年画《忠孝节义》，讲述岳母刺字，鼓励岳飞精忠报国的故事

作者简介

朱淑真（生卒年不详）：南宋女词人。号幽栖居士，钱塘（今浙江杭州）人。能画，通音律。工诗词，多述幽怨感伤之情。有《断肠诗集》、《断肠词》。

yǎn ér mèi
眼儿媚

朱淑真

chí chí chūn rì nòng qīng róu　huā jìng àn xiāng liú　qīng míng
迟迟春日弄轻柔❶，花径暗香流。清明

guò liǎo　bù kān huí shǒu　yún suǒ zhū lóu
过了❷，不堪回首，云锁朱楼❸。

wǔ chuāng shuì qǐ yīng shēng qiǎo　hé chù huàn chūn chóu　lǜ
午窗睡起莺声巧❹，何处唤春愁？绿

yáng yǐng lǐ　hǎi táng tíng pàn　hóng xìng shāo tóu
杨影里，海棠亭畔❺，红杏梢头。

注释

民国潘振镛绘《仕女图》

❶迟迟：指白昼渐长而变暖。语出《诗经·豳风·七月》“春日迟迟”之句。弄轻柔：指温暖的阳光轻柔地抚弄花草。❷清明：二十四节气之一，在四月五日前后。❸朱楼：红楼，指女子的住处。❹莺声巧：指黄莺叫声婉转。❺畔：旁边。

解说

春天的日子渐长而暖，和煦的阳光轻柔地抚弄着花草，花间小路上暗香流动。清明节过后，诸多往事不堪回首，云雾笼罩着红楼绣阁。

午睡起来，窗外黄莺在婉转低鸣，它们是在哪里呼唤着春愁呢？是在绿杨影里，还是在海棠亭畔，抑或是在红杏梢头呢？

这首词写作者对春天的感受，先描绘出一幅春日美景图，再写黄莺婉转的叫声唤起春愁。词作笔触轻柔细腻，语言婉丽自然，利用飘忽不定的画面，为读者营造出美妙的意境。

蝶恋花

diéliànhuā

朱淑真

楼外垂杨千万缕，欲系青春❶，少住春还去❷。犹自风前飘柳絮❸，随春且看归何处？

绿满山川闻杜宇❹，便做无情❺，莫也愁人苦❻。把酒送春春不语，黄昏却下潇潇雨。

清费丹旭绘《仕女图》

注释

❶系：拴住，这里有挽留的意思。青春：春天。❷少住：稍作停留。❸犹自：仍然，还在。❹杜宇：杜鹃鸟，鸣声像“不如归去”。❺便做：即使。❻莫也：不要如此。

解说

楼外的杨柳垂着千万条柔枝，像是要挽留美好的春光，可是春光稍作停留还是匆匆归去。只有柳絮在风中舞动翻飞，像是追随春的脚步，看它回到哪里去？

漫山遍野都是绿色，到处听得见杜鹃的啼叫，就算是春天无情，也不要如此使人愁苦。举杯送春归去，春天默默无语，黄昏时却洒下潇潇细雨。

这是一首惜春之作。上片写留春不住的苦恼，下片写送春不语的愁绪。作者通过丰富的想象和贴切的拟人手法，将惜春之情表现得委婉含蓄、细腻动人。

清人绘陆游画像

作者简介

陆游（1125~1210）：南宋诗人。字务观，自号放翁，越州山阴（今浙江绍兴）人。主张坚决抗战，因触怒秦桧被免职。一生创作诗歌很多，内容极为丰富，风格雄浑豪放。诗与尤袤、范成大、杨万里齐名，称“中兴四大家”。亦工词，婉约似秦观，雄浑似苏轼。有《渭南文集》、《剑南诗稿》等。

qiū bō mèi
秋波媚

七月十六晚登高兴亭望长安南山

陆　游

qiū dào biān chéng jiǎo shēng āi　fēng huǒ zhào gāo tái　bēi gē jī zhù　píng gāo lèi jiǔ　cǐ xìng yōu zāi
秋到边城角声哀❶，烽火照高台❷。悲歌击筑❸，凭高酹酒❹，此兴悠哉！

duō qíng shuí sì nán shān yuè　tè dì mù yún kāi　bà qiáo yān liǔ　qū jiāng chí guǎn　yīng dài rén lái
多情谁似南山月❺，特地暮云开。灞桥烟柳❻，曲江池馆❼，应待人来。

明刻本《三才图会》中的终南山插图

注释

❶边城：指南郑（今陕西境内），当时是抗金的前线。❷烽火：这里指报前线无战事的平安烽火。高台：指高兴亭，在南郑内城西北。❸击筑：弹奏筑。筑，古代弦乐器，像琴，有十三根弦。❹酹：把酒洒在地上，表示祭奠。❺南山：指终南山，秦岭主峰。❻灞桥：在长安东。❼曲江：池名，唐代长安风景区，当时在金兵占领区内。

解说

秋天边城的号角悲壮，登上高兴亭遥望长安的烽火。弹奏起筑来伴和悲歌，站在高台洒酒祭祀，祝福将士早日收复长安，这种心情久久不能平静！

谁能像南山月那样多情，特意将飘浮的暮云遣散。灞桥如烟的杨柳，曲江的座座楼馆，这些美丽的长安风景区，肯定在等待收复关中的宋军到来。

当时陆游在陕西抗金前线，登临高兴亭望长安终南山，写下这首对收复关中失地充满乐观情绪的词。作者通过大胆形象，用拟人手法写明月破云而出，以此暗示抗金斗争的胜利前景。

佚名绘《汉宫秋月图》

长相思
cháng xiāng sī

陆 游

桥如虹，水如空，一叶飘然烟雨中❶。天教称放翁❷。

侧船篷，使江风，蟹舍参差渔市东❸。到时闻暮钟。

注释

❶一叶：指一只小船。飘然：形容船轻快的样子。❷放翁：陆游自号放翁。❸蟹舍：形容狭小的渔舍。参差：长短高低不一。

解说

小桥弯弯犹如一道彩虹，水面开阔宛若澄净天空，一叶扁舟飘然出没在如烟的细雨中。上天让我自称“放翁”。

将船篷侧挂，趁着江上的清风徐徐前行，渔市东头的小渔舍参差不齐。傍晚时耳边传来悠然的钟声。

清吴石仙绘《山水团扇》

这首词描绘江南水乡的风光之美以及渔父恬然的日常生活，表达了作者放情于山水之中的情怀。“桥如虹，水如空”比喻贴切，把江南水乡的空灵秀美表现得淋漓尽致。

chāi tóu fèng
钗头凤

陆　游

hóng sū shǒu　huáng téng jiǔ　mǎn chéng chūn sè gōng qiáng liǔ
红酥手❶，黄縢酒❷，满城春色宫墙柳❸。
dōng fēng è　huān qíng bó　yì huái chóu xù　jǐ nián lí suǒ
东风恶❹，欢情薄。一怀愁绪，几年离索❺。
cuò cuò cuò
错，错，错！

chūn rú jiù　rén kōng shòu　lèi hén hóng yì jiāo xiāo tòu
春如旧，人空瘦，泪痕红浥鲛绡透❻。
táo huā luò　xián chí gé　shān méng suī zài　jǐn shū nán tuō
桃花落，闲池阁。山盟虽在，锦书难托❼。
mò mò mò
莫，莫，莫！

注释

❶酥：形容皮肤滋润细腻。❷黄縢酒：宋时一种官家酿的酒。❸宫墙柳：围墙里的一片杨柳。❹东风：比喻拆散夫妻的封建家长。❺离索：离群索居。索，散。❻红：指泪水沾湿胭脂而染红。浥：沾湿。鲛绡：传说海上鲛人（人鱼）所织的丝绸手帕，此指纱帕。❼锦书：书信。

清费丹旭绘《仕女图扇面》

解说

红润细嫩的手，端起黄縢酒，满城的春色宜人，围墙里杨柳依依。然而，东风无情，吹散了这薄薄的欢聚缘分。满怀的愁绪，几年的离散。错！错！错！

春色一如从前，只是人白白地消瘦，伤心的泪水和着胭脂将手帕湿透。桃花飘落，池塘亭阁冷落。当初的山盟海誓依然在心，而今却连书信也无法相通。罢！罢！罢！

这首词写作者自己的爱情悲剧。陆游与表妹唐婉夫妻恩爱，因陆母干涉，被迫离婚。后二人偶遇沈园，陆游满怀伤感写下这首词，表达他们的眷恋相思之情，抒发了词人怨恨愁苦而又难以言状的痛苦心情。全词情真意切，如泣如诉，为历代传诵。

明仇英绘《纨扇仕女图》

卜算子 咏梅

陆 游

驿外断桥边❶，寂寞开无主❷。已是黄昏独自愁，更著风和雨❸。

无意苦争春❹，一任群芳妒❺。零落成泥碾作尘❻，只有香如故。

注释

❶驿：驿站，古代驿道上供递送公文的人或往来官员歇息的处所。❷无主：意思是无人栽培，无人欣赏。❸更著：再加上。❹争春：与百花在春天争妍斗艳。❺群芳：群花。比喻嫉贤妒能的人。妒：忌恨。❻碾：压碎。

解说

驿站外的断桥旁，梅花寂寞地开放，没有人来欣赏。本来黄昏时就已忧愁苦闷，再加上凄风冷雨，处境就更悲惨了。

不想在春天苦苦地争妍斗艳，任凭群花百般妒忌。即使片片花瓣凋零在地碾作尘土，它的幽香仍会永留人间。

这是一首不可多得的咏梅佳作，作者借梅花自喻，赞美坚贞的品质和高尚的情操。下片四句是千古名句，写词人在险恶环境中洁身自好的精神，表达了作者对险恶环境和邪恶势力不屈不挠的斗争决心。

清汪士慎绘《梅花图》

sù zhōng qíng
诉衷情

陆　游

dāng nián wàn lǐ mì fēng hóu　pǐ mǎ shù liáng zhōu　guān hé
当年万里觅封侯❶，匹马戍梁州❷。关河
mèng duàn hé chù　chén àn jiù diāo qiú
梦断何处❸？尘暗旧貂裘。

hú wèi miè　bìn xiān qiū　lèi kōng liú　cǐ shēng shuí
胡未灭❹，鬓先秋❺，泪空流。此生谁
liào　xīn zài tiān shān　shēn lǎo cāng zhōu
料，心在天山❻，身老沧洲❼。

注释

❶觅封侯：寻找建立功业以取得封侯的机会。❷梁州：今陕西南郑一带。❸关河：关塞、河防，指边疆。梦断：梦醒。❹胡：这里指南犯的金兵。❺鬓先秋：鬓发如秋霜般斑白。❻天山：在新疆，这里借指抗金前线。❼沧洲：水边，泛指隐士居住的地方。

解说

当年不远万里去追寻拜将封侯的事业，只身从军戍守梁州。梦醒了不见关河要塞在哪里，只有破旧的貂皮衣服落满灰尘，颜色暗淡。

清钱林绘《关山夜月图》

敌人还未消灭，两鬓却已斑驳如霜，一腔英雄泪徒然洒下。谁料想这一生，心系抗敌前线，人却老于闲居之地。

作这首词时，作者年已七十，身在江湖，未忘国忧。作者的抗金要求屡遭投降派反对，虽已暮年，仍怀雄心壮志。词作反映了作者不能施展报负和壮志未酬的苦闷心情，尽说忠愤，荡气回肠。

谢池春

陆游

清顾沅辑《古圣贤传略》中的陆游画像

壮岁从戎❶，曾是气吞残虏❷。阵云高、狼烟夜举❸。朱颜青鬓❹，拥雕戈西戍。笑儒冠自来多误❺。

功名梦断，却泛扁舟吴楚。漫悲歌、伤怀吊古❻。烟波无际，望秦关何处❼？叹流年又成虚度。

清吴石仙绘《秋溪泛舟团扇》

注释

❶壮岁：壮年。从戎：从军。❷虏：对北方少数民族的贬称。❸狼烟：古代边防报警时烧狼粪生起的烟。❹朱颜青鬓：指青年时光。❺儒冠：书生。❻漫：空，徒。❼秦关：指中原。

解说

壮年时从军，曾经气吞万里扫残敌。战云密布，夜里报警的狼烟升起。正是青年时代，手握长戈，戍守边塞。可笑一介书生，自古以来常常耽误前程。

建功立业的梦想最终落空，只得退居吴楚，泛舟江湖。一腔心事无人诉说，只能空自悲歌，通过凭吊古迹抒发伤感情怀。无边的水面雾霭苍茫，放眼望去，却看不到中原在哪里？可叹年复一年，虚度时光，无所作为。

这是作者年老时为回忆在陕西南郑的军旅生活而作。上片回忆年轻时从军戍边的生活，下片写收复中原无望的伤感，用今昔对比的手法，抒发了作者报国无门的悲愤之情，笔调闲淡，宁静含蓄。

清蔡嘉绘《泛舟图》

dié liàn huā

蝶恋花

陆　游

yǔ miào lán tíng jīn gǔ lù　　yí yè qīng shuāng　rǎn jìn hú biān
禹庙兰亭今古路❶，一夜清霜，染尽湖边
shù　yīng wǔ bēi shēn jūn mò sù　　tā shí xiāng yù zhī hé chù
树。鹦鹉杯深君莫诉❷，他时相遇知何处？
rǎn rǎn nián huá liú bú zhù　　jìng lǐ zhū yán　　bì jìng xiāo mó
冉冉年华留不住❸，镜里朱颜❹，毕竟消磨
qù　yí jù dīng níng jūn jì qǔ　　shén xiān xū shì xián rén zuò
去。一句丁宁君记取❺，神仙须是闲人做。

注释

❶禹庙：为纪念大禹而建的庙宇，在浙江绍兴会稽山下。兰亭：在浙江绍兴城西南，因东晋书法家王羲之所写《兰亭集序》而闻名。❷鹦鹉杯：一种酒杯名。诉：辞酒不饮。❸冉冉：慢慢地（流逝）。❹朱颜：红颜，青春。❺丁宁：同“叮咛”，反复嘱咐。记取：记住。

明仇英绘《兰亭雅集图》

解说

通往禹庙和兰亭的道路，古今多少人走过，一夜秋霜，染红了湖边的树叶。不要说鹦鹉杯太深，推辞不喝，不知以后能在何处相逢呢？

时光飞逝，美好年华难以留住，镜子里的青春容颜，毕竟消磨尽了。有句话叮嘱你一定要记住：神仙一定是悠闲之人来做的。

这首词为作者凭吊古迹的感怀之作。词人与友人游览绍兴名胜，见树叶染尽秋霜，感叹时光流逝，青春不再，感慨不如做一个悠闲的神仙逍遥自在。这是作者退居家乡后无法为国效力的一种自我安慰。

作者简介 范成大（1126~1193）：字致能，号石湖居士，苏州吴县（今江苏苏州）人。宋高宗绍兴进士，与尤袤、杨万里、陆游齐名，号称“中兴四大家”。其诗题材广泛，又工词。著作颇富，有《石湖居士诗集》、《石湖词》等。

鹧鸪天

zhè gū tiān

范成大

nèn lǜ chóng chóng kàn dé chéng　qū lán yōu jiàn xiǎo hóng yīng
嫩绿重重看得成，曲阑幽槛小红英❶。
tú mí jià shàng fēng ér nào　yáng liǔ háng jiān yàn zǐ qīng
酴醾架上蜂儿闹❷，杨柳行间燕子轻。
chūn wǎn miǎn　kè piāo líng　cán huā qiǎn jiǔ piàn shí qīng　yì
春婉娩❸，客飘零，残花浅酒片时清。一
bēi qiě mǎi míng zhāo shì　sòng liǎo xié yáng yuè yòu shēng
杯且买明朝事，送了斜阳月又生。

注释

❶阑、槛：栏杆，栅栏。英：花。❷酴醾：一种观赏植物，攀缘茎，花白色，有香气。❸婉娩：天气温和。

近代吴昌硕绘《柳燕图》（局部）

解说

树上的嫩叶重重叠叠，已有绿叶成荫的气象，曲折、幽深的花木护栏中露出了小红花。酴醾盘绕在花架上，花香阵阵，引来成群蜜蜂嬉闹，燕子在成行的杨柳间轻盈地穿飞。

天气温和，只是已近暮春，作者在客地深有漂泊之感，面对落花，借酒消愁，只赢得一时的排解。于是继续饮酒，希望能忘记这令人感伤的春景，朦胧中，送走斜阳，月亮升了起来。

这是一首描写晚春的词。词中的春景如画，动静相映，构图设色，很有特色。

què qiáo xiān
鹊桥仙 七夕

范成大

shuāng xīng liáng yè　gēng yōng zhī lǎn　yīng bèi qún xiān xiāng

双星良夜❶，耕慵织懒❷，应被群仙相

dù　juàn juàn yuè zǐ mǎn méi pín　gèng wú nài　fēng yí chuī yǔ

妒。娟娟月姊满眉颦❸，更无奈、风姨吹雨❹。

xiāng féng cǎo cǎo　zhēng rú xiū jiàn　chóng jiǎo bié lí xīn xù

相逢草草，争如休见❺，重搅别离心绪。

xīn huān bù dǐ jiù chóu duō　dào tiān liǎo　xīn chóu guī qù

新欢不抵旧愁多，倒添了、新愁归去。

注释

❶双星：指牛郎星和织女星。❷慵：懒。❸娟娟：秀美。颦：皱眉。❹风姨：青年女性风神。❺争如休见：怎如不见。

清黄山寿绘《牛郎织女图》（局部）

解说

当双星相会的佳期将至，牛郎早已无心耕种，织女也无心纺织，就连天上的群仙也为之嫉妒。体貌娟秀的嫦娥蹙紧了眉头，风姨竟然兴风吹雨。

七夕相会，只匆匆见了一面，马上又得分离，还不如不见，因为这只能重新撩乱万千的离愁别绪。新欢抵不上旧愁多，旧愁未销，反倒又添了新愁归去。

这首词吟咏牛郎织女七夕相会故事。词作通过嫦娥、风姨相妒这一喜剧式的情节，反衬、凸出牛郎织女的爱情悲剧，在艺术造诣上可谓是匠心独具。

yì qín é
忆秦娥

范成大

lóu yīn quē　lán gān yǐng wò dōng xiāng yuè　dōng xiāng yuè
楼阴缺，栏干影卧东厢月❶。东厢月，
yì tiān fēng lù　xìng huā rú xuě
一天风露，杏花如雪。

gé yān cuī lòu jīn qiú yè　luó wéi àn dàn dēng huā jié　dēng
隔烟催漏金虬咽❷，罗帏黯淡灯花结❸。灯
huā jié　piàn shí chūn mèng　jiāng nán tiān kuò
花结，片时春梦，江南天阔。

注释

❶东厢：东边厢房。❷漏：漏壶，计时的器具，引申为时光。金虬咽：更漏声呜咽。金虬，铜制的漏壶龙头。❸罗帏：丝织的帷帐。灯花结：灯烛结花，表示有喜讯。

解说

楼阁投下残缺的阴影，栏杆的疏影静卧于照着东边厢房的月亮下。照着东边厢房的月亮，照见满天风露，盛开的杏花洁白如雪。

透过烟雾听见漏壶的铜龙头传来呜咽声，罗帐昏暗，只见灯烛结出灯花。灯烛结花，少妇片刻进入梦乡，梦魂飞遍广阔的江南。

这首词写少妇春夜怀人的情景。上片描绘春夜楼外景色，下片描写思妇孤寂落寞的心境。词作用语清新，不饰华彩，感情真实，意境淡雅，将少妇的怀人之情写得十分含蓄，耐人寻味。

清彭旸绘《仕女图》

霜天晓角 梅

shuāng tiān xiǎo jiǎo

范成大

wǎn qíng fēng xiē　yí yè chūn wēi zhé　mò mò huā shū tiān dàn　yún lái qù　shù zhī xuě

晚晴风歇❶，一夜春威折❷。脉脉花疏天淡，云来去、数枝雪。

shèng jué　chóu yì jué　cǐ qíng shuí gòng shuō　wéi yǒu liǎng háng dī yàn　zhī rén yǐ　huà lóu yuè

胜绝❸，愁亦绝，此情谁共说❹？惟有两行低雁，知人倚、画楼月。

清胡公寿绘《寒月疏影图》

注释

❶晚晴：傍晚时天晴了。歇：停。❷春威折：春寒的威力减弱。折：挫折。❸胜绝：优美到了极点。❹谁共说：与谁说。

解说

傍晚时分天晴了，风也停了，一夜之间春寒的威力大减。疏朗的梅花脉脉含情，淡远的天空下，闲云飘来飘去，数枝梅花洁白如雪。

这优美的景致无与伦比，而人的哀愁也到了难以忍受的地步，这种内心的痛苦能向谁诉说呢？只有两行低飞的鸿雁知道，有一个人倚在月下的画楼上，在思念远方亲人。

这首词以梅为题，写怀人的愁情。上片写梅花形象之美，下片写人的愁情。雁群飞，人独倚，又在深夜的月光下，可知其孤独寂寞之情。本词以淡景写浓愁，以良宵反衬孤寂惆怅，构思新颖，含蓄委婉，别具情韵。

作者简介

杨万里（1127~1206）：南宋诗人。字廷秀，号诚斋，吉州吉水（今属江西）人。宋高宗绍兴进士，主张抗金，秉性刚直。诗构思巧妙，语言通俗，独具一体，时称“诚斋体”。与范成大、陆游、尤袤齐名，称“中兴四大家”。亦能文，部分诗文关怀时政，反映民间疾苦，较为深切。有《诚斋集》。

zhāo jūn yuàn

昭君怨 咏荷上雨

杨万里

wǔ mèng piān zhōu huā dǐ　xiāng mǎn xī hú yān shuǐ　jí yǔ dǎ péng shēng　mèng chū jīng

午梦扁舟花底[1]，香满西湖烟水。急雨打篷声[2]，梦初惊。

què shì chí hé tiào yǔ　sàn liǎo zhēn zhū hái jù　jù zuò shuǐ yín wō　fàn qīng bō

却是池荷跳雨，散了真珠还聚[3]。聚作水银窝，泛清波。

清恽寿平绘《翠盖迎风》

注释

❶扁舟：小船。❷篷：指船篷。❸真珠：珍珠。

解说

午睡时梦见自己荡舟在西湖的荷花丛里，西湖烟水迷茫，荷香飘溢。忽然听到急雨打在船篷上，梦被惊醒。

原来是池塘中急雨敲打着荷叶，雨珠在荷叶上跳上跳下，就像珍珠一样，随着荷叶的跳动忽聚忽散。水珠最后聚在叶心，就像一窝泛波的水银。

这首词描写荷上雨景，用变幻的手法，把稍纵即逝的美景再现在读者面前。词作从梦境写起，以西湖的荷花与庭院里的池荷相映照，虚虚实实，似幻似真，给人以无尽的美感。

作者简介 张孝祥（1132~1170）：南宋词人。字安国，号于湖居士，乌江（今安徽和县东北）人。宋高宗绍兴进士。诗词追从苏轼，风格豪迈，特别是词，流传一些具有深厚爱国思想的名篇。有《于湖词》、《于湖居士文集》。

浣溪沙（huàn xī shā） 洞庭

张孝祥

xíng jìn xiāo xiāng dào dòng tíng　chǔ tiān kuò chù shù fēng qīng
行尽潇湘到洞庭❶，楚天阔处数峰青❷。

qí shāo bú dòng wǎn bō píng
旗梢不动晚波平❸。

hóng liǎo yì wān wén xié luàn　bái yú shuāng
红蓼一湾纹缬乱❹，白鱼双

wěi yù dāo míng　yè liáng chuán yǐng jìn shū xīng
尾玉刀明。夜凉船影浸疏星。

清张之万绘《洞庭帆影》

注释

❶潇湘：湘水在湖南零陵县西和潇水汇合，称为潇湘。❷楚天：楚地的天空。洞庭湖一带古代属楚国。❸旗梢：船头所插旗帜上的飘带。❹红蓼：生长在水边的一种草本植物，花浅红色。缬：有花纹的丝织品。

解说

船行过潇水、湘江进入洞庭湖，只觉天阔水远，水的尽头有数座青峰沐浴在夕照里。船头旗杆上的飘带一丝不动，傍晚的水面风平浪静。

湖岸一湾红蓼倒映水中，如锦缎上的花纹，白鱼在清水中嬉游，双尾如玉刀一样清晰。夜间天气转凉，船影和天上疏朗的星星倒映在湖水之中。

这首词写洞庭湖傍晚的景色。词中描绘了洞庭湖中的青峰、红蓼、白鱼，动静结合，颜色绚丽，犹如一幅宁静幽美的风景画，读后让人有身临其境之感。

xī jiāng yuè
西江月 题溧阳三塔寺❶

张孝祥

wèn xùn hú biān chūn sè　chóng lái yòu shì sān nián　dōng fēng chuī
问讯湖边春色❷，重来又是三年。东风吹
wǒ guò hú chuán yáng liǔ sī sī fú miàn
我过湖船，杨柳丝丝拂面。

shì lù rú jīn yǐ guàn　cǐ xīn dào chù yōu rán　hán guāng
世路如今已惯❸，此心到处悠然❹。寒光
tíng xià shuǐ lián tiān　fēi qǐ shā ōu yí piàn
亭下水连天❺，飞起沙鸥一片❻。

注释

❶溧阳：在今江苏省。三塔寺：在溧阳市三塔湖。❷问讯：询问。❸世路：指人生道路。❹悠然：悠闲的样子。❺寒光亭：在三塔湖内。❻沙鸥：水鸟，常飞翔于江海之上。

解说

寻访湖边的春色，这次旧地重游已时隔三年，春色是否依旧？东风吹送我的船驶过湖面，绿柳如丝，轻拂着行人的脸。

佚名绘《柳汀放棹图》

人生的坎坷曲折如今已经习惯，无论在哪里我的心情都恬淡超脱。正如远处的寒光亭下天水一色，一群沙鸥在自由地飞翔。

这首词写作者游三塔湖的观感。上片写游湖的情景，下片写阅尽人间世态后的淡泊心境。词作意境恬淡，三塔湖风景如画，大自然的安详宁静，正与作者悠然自得的心境契合。

作者简介

赵长卿（生卒年不详）：南宋词人。南宋宗室，南丰（今属江西）人。号仙源居士，厌恶王族生活，居于江南，遁世隐居。有《仙源居士惜香乐府》。

临江仙 暮春

lín jiāng xiān

赵长卿

guò jìn zhēng hóng lái jìn yàn　gù yuán xiāo xī máng rán　yì
过尽征鸿来尽燕❶，故园消息茫然❷。一

chūn qiáo cuì yǒu shuí lián　huái jiā hán shí yè　zhòng jiǔ luò huā tiān
春憔悴有谁怜？怀家寒食夜❸，中酒落花天❹。

jiàn shuō jiāng tóu chūn làng miǎo　yīn qín yù sòng guī chuán　bié
见说江头春浪渺❺，殷勤欲送归船❻。别

lái cǐ chù zuì yíng qiān　duǎn péng nán pǔ yǔ　shū liǔ duàn qiáo yān
来此处最萦牵。短篷南浦雨❼，疏柳断桥烟❽。

注释

❶征鸿：远飞的大雁。❷故园：家乡。❸寒食：节令名，在清明节前一天或两天。❹中酒：因酒醉而身体不爽。❺见说：听说。❻殷勤：热情，情意恳切。❼短篷：小船。南浦：泛指送别的地方。❽断桥：在杭州西湖边。

清董邦达绘《断桥残雪》

解说

看尽北飞的大雁和南回的燕子，都没有带回故乡的任何消息。整个春天都憔悴不堪，有谁怜惜我呢？寒食节的夜晚思念故乡，落花时节我醉倒他乡。

听说江边春波浩渺，像是要殷勤地送走归行的客船。分别以后，这里最令人魂牵梦系。南浦的骤雨敲打着船篷，断桥边稀疏的杨柳笼罩在淡淡的烟雾中。

作者是宋朝宗室成员，北宋灭亡后，南迁到杭州定居，这首词写客居异地的思乡之情，通过景物渲染心中的万种离情，意在言外，含蓄绵长，更富感人魅力。

作者简介

辛弃疾（1140~1207）：南宋词人。字幼安，号稼轩，历城（今山东济南）人。年轻参加抗金义军，一生坚决主张抗金。其词抒写力图恢复国家统一的爱国热情，倾诉壮志难酬的悲愤，谴责执政者屈辱求和的软弱，也有一些吟咏祖国河山的作品。艺术风格多样，以豪放为主。有《稼轩长短句》。

pò zhèn zǐ

破阵子 为陈同甫赋壮词以寄之[1]

辛弃疾

zuì lǐ tiǎo dēng kàn jiàn mèng huí chuī jiǎo lián yíng bā bǎi
醉里挑灯看剑[2]，梦回吹角连营[3]。八百
lǐ fēn huī xià zhì wǔ shí xián fān sài wài shēng shā chǎng qiū
里分麾下炙[4]，五十弦翻塞外声[5]。沙场秋
diǎnbīng
点兵[6]。

mǎ zuò dì lú fēi kuài gōng rú pī lì xián jīng liǎo què
马作的卢飞快[7]，弓如霹雳弦惊[8]。了却
jūn wàng tiān xià
君王天下
shì yíng dé
事[9]，赢得
shēng qián shēn hòu
生前身后
míng kě lián bái
名。可怜白
fà shēng
发生[10]！

清吴友如绘《古今人物图》之《看剑图》

注释

❶陈同甫：陈亮，字同甫，作者的

好友。赋壮词：写一首雄壮的词。❷挑灯：拨亮灯光。❸梦回：梦醒。吹角连营：驻地相连的各个兵营接连吹响了号角。❹八百里：指牛。据《世说新语·汰侈》记载，晋王恺有良牛，名“八百里驳”。麾下：将帅的部下。炙：烤肉。❺五十弦：瑟，这里泛指各种乐器。翻：弹奏。塞外声：反映边塞征战生活的乐曲。❻沙场：战场。❼的卢：骏马名。❽霹雳：形容弓弦的响声。❾了却：完成。君王天下事：指抗金复国大业。❿可怜：可惜。

解说

酒醉后挑亮灯观看宝剑，梦醒后听见号角连天传遍所有军营。战士们一面分食烤牛肉，一面用各种乐器弹奏塞外的新曲。秋高气爽，战马肥壮，正是检阅军队的好时候。

战马都像的卢一样飞奔，弓箭声如霹雳令敌人心惊。只为完成君王的统一大业，使自己生前死后都留下美名。只可惜我已满头白发，而壮志还没有实现！

这是作者用自己年轻时参加作战的经历来勉励好友上进的词作。全词生动地描绘了抗金将士的壮盛军容与豪迈气概，表达了作者抗金报国的满腔壮志与宏大抱负，词作慷慨激昂，豪放壮美。

五代韩幹款《牧马图》

qīng yù àn

青玉案 元夕[1]

辛弃疾

dōng fēng yè fàng huā
东风夜放花

qiān shù gèng chuī luò
千树[2]，更吹落、

xīng rú yǔ bǎo mǎ diāo
星如雨[3]。宝马雕

chē xiāng mǎn lù fèng
车香满路[4]。凤

xiāo shēng dòng yù hú
箫声动[5]，玉壶

guāng zhuǎn yí yè yú
光转[6]，一夜鱼

lóng wǔ
龙舞[7]。

é ér xuě liǔ huáng
蛾儿雪柳黄

jīn lǚ xiào yǔ yíng yíng
金缕[8]，笑语盈盈

àn xiāng qù zhòng lǐ xún
暗香去[9]。众里寻

tā qiān bǎi dù mò rán huí
他千百度，蓦然回

shǒu nà rén què zài
首[10]，那人却在，

dēng huǒ lán shān chù
灯火阑珊处[11]。

清钱慧安绘《仕女图》

注释

❶元夕：农历正月十五夜晚，即元宵节。❷花千树：形容灯火繁多像千树开花。❸星如雨：形容满天飘散的焰火。❹宝马雕车：豪华的马车。❺凤箫声动：演奏起音乐来。凤箫是箫的美称。❻玉壶：指月亮。光转：普照的意思。❼鱼龙：指鱼、龙形状的彩灯。❽蛾儿雪柳黄金缕：用金线制成的观灯妇女的头饰蛾儿、雪柳、黄金缕。这里借指观灯的妇女。❾盈盈：仪态美好的样子。❿蓦然：突然、猛然。⓫阑珊：零落，形容灯火稀落。

解说

元宵之夜满城花灯，就像春风吹开了千树万树的花儿；焰火满天，又好像吹落了天上如雨的星星。豪华的马车驶过，道路中弥漫着她们留下的芳香。音乐演奏起来，月光洒满大地，鱼龙灯舞动流转，彻夜不息。

女人们头上戴着各种美丽的饰物，在欢声笑语中盈盈走过，只有衣香暗暗飘散。在如潮的人流里千百次地找寻着她，猛然回头，却看见她就在灯火疏落的地方。

这首词写元宵节观花灯寻觅意中人的场景。上片渲染元宵之夜的热闹场景，下片写寻觅意中人的经过。灯火阑珊处的“那人”，是一个不同流俗、自甘寂寞的高洁形象，反映了作者政治失意后自甘淡泊、坚持节操的人生态度。众里寻他千百度后的无意发现，蕴含着深刻的人生哲理。

近代高野侯绘《春灯图》

清平乐 村居

qīngpíng yuè

辛弃疾

máo yán dī xiǎo xī shàng qīng qīng cǎo zuì lǐ wú yīn xiāng mèi hǎo bái fà shuí jiā wēng ǎo

茅檐低小❶，溪上青青草❷。醉里吴音相媚好❸，白发谁家翁媪❹？

dà ér chú dòu xī dōng zhōng ér zhèng zhī jī lóng zuì xǐ xiǎo ér wú lài xī tóu wò bāo lián péng

大儿锄豆溪东，中儿正织鸡笼。最喜小儿无赖❺，溪头卧剥莲蓬。

注释

❶茅檐：指茅草屋。❷溪上：溪边。❸吴音：指江西上饶一带口音，古代这里属吴国。媚好：绵软好听。❹翁媪：老公公和老婆婆。❺无赖：调皮、可爱。

解说

一座低低的茅屋，座落在长满青草的溪水旁。带着醉意用温软好听的吴语说着话，满头白发的老人是谁家的公公和婆婆？

大儿子在溪水东边的豆田里锄草，二儿子在家编织鸡笼。最讨人喜欢的小儿子很调皮，正爬卧在溪边剥着莲蓬。

这是一首描写江南农家生活的名作。全词仅用几十字，便把一家五口的身份、容貌、情态、动作和性格生动地表现出来。词作真实地反映了平和、安适的农村生活景象，充满诗情画意，令人赏心悦目。

天津杨柳青年画《五子爱莲》

xī jiāng yuè

西江月 夜行黄沙道中❶

辛弃疾

míng yuè bié zhī jīng què　qīng fēng bàn yè míng chán　dào huā
明月别枝惊鹊❷，清风半夜鸣蝉。稻花
xiāng lǐ shuō fēng nián　tīng qǔ wā shēng yí piàn
香里说丰年，听取蛙声一片❸。
qī bā gè xīng tiān wài　liǎng sān diǎn yǔ shān qián　jiù shí máo diàn
七八个星天外，两三点雨山前。旧时茅店
shè lín biān　lù zhuǎn xī qiáo hū xiàn
社林边❹，路转溪桥忽见❺。

注释

❶黄沙：黄沙岭，在今江西上饶西四十里。❷别枝：由主干斜出的树枝。❸听取：听得。❹社林：土地庙周围的树林。❺见：同“现”，出现。

清朱轩绘《夏山茅亭图》

解说

一轮明月挂在斜伸出来的树枝上，惊起栖息在树上的喜鹊；清风徐徐，送来深夜的蝉鸣声。稻花飘香，预示着丰收的年景，无数的青蛙在田里欢叫。

七八颗星星在天边闪烁，山前忽然落下几滴小雨。从前的茅草小店坐落在土地庙的树林边，走过小路，拐过小溪桥头，它就出现在眼前。

这首词描写夏日夜行黄沙道中的所见所闻。作者把声音、形象、香味巧妙组合，绘成一幅充满生机的山村夏夜图。全词笔调轻快，字里行间透着作者轻松愉快的心情。

shēng zhā zǐ
生查子 独游雨岩❶

辛弃疾

xī biān zhào yǐng xíng, tiān zài qīng xī dǐ. tiān shàng yǒu xíng yún, rén zài xíng yún lǐ.

溪边照影行，天在清溪底。天上有行云，人在行云里。

gāo gē shuí hè yú? kōng gǔ qīng yīn qǐ. fēi guǐ yì fēi xiān, yì qǔ táo huā shuǐ.

高歌谁和余❷？空谷清音起。非鬼亦非仙，一曲桃花水❸。

清沈铨绘《嶰谷春融图》

注释

❶雨岩：在江西省永丰县博山脚下，岩的形状很怪，名叫“山鬼”。岩中有泉飞出。❷和：应和。❸桃花水：指春天三月的流水。

解说

人在溪边行走，水中的影子随着人移动，天空也倒映在清溪里。水底的天空有浮云飘动，溪水里的人影就像在云里行走一样。

独自高歌，有谁能与我应和呢？空旷的山谷里响起清朗的声音。既不是鬼怪之乐，也不是神仙之曲，原来是春水潺潺，像是在演奏乐曲一样。

这是一首写景记游词，描绘雨岩山水之美。上片写游时所见，描绘了一个有趣的生活场景；下片写游时所闻，表现作者的孤独之感。词作笔法平实，意蕴曲折，富于变化。

丑奴儿 书博山道中壁[1]

chǒu nú ér

辛弃疾

shào nián bù shí chóu zī wèi　ài shàng céng lóu　ài shàng céng lóu　wèi fù xīn cí qiǎng shuō chóu
少年不识愁滋味，爱上层楼[2]。爱上层楼，为赋新词强说愁[3]。

ér jīn shí jìn chóu zī wèi　yù shuō hái xiū　yù shuō hái xiū　què dào tiān liáng hǎo gè qiū
而今识尽愁滋味，欲说还休[4]。欲说还休，却道天凉好个秋。

佚名绘《仙山楼阁图》

注释

❶博山道中壁：博山路上某堵墙壁。❷层楼：高楼。❸赋：这里是写、作的意思。强说愁：本来无愁却硬要说愁，即无病呻吟之意。❹欲说还休：想说而最终没有说。

解说

年少时不懂得忧愁的滋味，喜欢登上高楼远望。喜欢登上高楼远望，为写新词勉强诉说无端的忧愁。

如今已尝遍各种忧愁的滋味，想说又说不出口。想说又说不出口，只道一句：天气凉爽，好一个秋天！

这是词人罢官闲居时所作，概括了大半生的经历和感受。作者运用对比的手法，突出渲染了一个“愁”字，从少年到老年，其心境发生了很大的变化。词作构思新颖，感情率真，曲折多变，别具一格。

nán xiāng zǐ

南乡子 登京口北固亭有怀❶

辛弃疾

hé chù wàng shén zhōu　mǎn yǎn fēng guāng běi gù lóu　qiān
何处望神州❷？满眼风光北固楼❸。千
gǔ xīng wáng duō shǎo shì　yōu yōu　bú jìn cháng jiāng gǔn gǔn liú
古兴亡多少事？悠悠❹，不尽长江滚滚流！
nián shào wàn dōu móu　zuò duàn dōng nán zhàn wèi xiū　tiān
年少万兜鍪❺，坐断东南战未休❻。天
xià yīng xióng shuí dí shǒu　cáo liú　shēng zǐ dāng rú sūn zhòng móu
下英雄谁敌手？曹刘。生子当如孙仲谋❼。

注释

❶京口：今江苏省镇江市。北固亭：在镇江城北北固山上。❷神州：这里指中原。❸北固楼：即北固亭。❹悠悠：久远流长。❺兜鍪：头盔，这里代指士兵。❻坐断：占据。❼孙仲谋：孙权，字仲谋。

清恽向绘《京口江山之势》

解说

哪里可以望见中原？登上北固楼，放眼望去，满眼风光，却不是中原。古往今来，这里经历了多少兴衰废替之事？悠悠不尽的往事已去，只有永不停息的长江水滚滚东流！

孙权（字仲谋）年纪轻轻就统率千军万马，雄踞东南，作战不息。天下的英雄谁是他的对手？只有曹操和刘备。怪不得曹操说：生儿子要像孙权那样的人。

这是作者登北固亭怀古之作。上片感叹中原沦陷难以收复，下片赞扬孙权在江南建功立业。作者赞美孙权，意在借古喻今，希望统治者效法孙权，兴兵北伐，收复中原。词作三问三答，互相呼应，感情强烈，意境高远。

zhè gū tiān
鹧鸪天 东阳道中

辛弃疾

pū miàn zhēng chén qù lù yáo xiāng gōu jiàn jué shuǐ chén xiāo
扑面征尘去路遥，香篝渐觉水沉销❶。

shān wú chóng shù zhōu zāo bì huā bù zhī míng fèn wài jiāo
山无重数周遭碧❷，花不知名分外娇。

rén lì lì mǎ xiāo xiāo jīng qí yòu guò xiǎo hóng qiáo
人历历❸，马萧萧❹，旌旗又过小红桥。

chóu biān shèng yǒu xiāng sī jù yáo duàn yín biān bì yù shāo
愁边剩有相思句❺，摇断吟鞭碧玉梢❻。

注释

❶香篝：薰笼。水沉：一种香料，即沉香。❷周遭：周围。❸历历：形容清清楚楚。❹萧萧：马嘶叫的声音。❺愁边：思索的意思。相思句：这里指构思美好的句子。❻碧玉梢：指马鞭用璧玉宝石装饰，比喻马鞭的华贵。

清吴宏绘《溪桥行旅图》

解说

骑马乘车向东阳进发，一路上尘土飞扬，道路遥远，香笼里的沉香渐渐烧尽，还未到目的地。山峦重重叠叠，四周郁郁苍苍，野花不知名，却格外娇艳。

一行人历历在目，骏马萧萧嘶鸣，他们举着旌旗走过一座小红桥。作者骑马思索美好的诗句，每当想到好句子，便兴奋得一边吟咏，一边扬起马鞭催马疾跑。

这首词是作者从京都临安（浙江杭州）因事赴东阳（浙江金华、东阳一带）途中的即景抒情之作。上片写自然景色，下片写生活画面。词作画面优美，意境开朗，自然景色与生活画面密切结合，情景浑然一体，犹如一幅笔触明快的彩绘，令人赏心悦目。

菩萨蛮（pú sà mán） 书江西造口壁❶

辛弃疾

郁孤台下清江水❷，中间多少行人泪❸。
西北望长安❹，可怜无数山。
青山遮不住，毕竟东流去。江晚正愁余❺，山深闻鹧鸪❻。

yù gū tái xià qīng jiāng shuǐ　zhōng jiān duō shǎo xíng rén lèi
xī běi wàng cháng ān　kě lián wú shù shān
qīng shān zhē bú zhù　bì jìng dōng liú qù　jiāng wǎn zhèng chóu yú　shān shēn wén zhè gū

注释

❶造口：地名，一名皂口，在江西省万安县。❷郁孤台：在今江西赣州市东南。清江：指赣江。❸行人：这里指因金兵入侵而逃难的人。❹长安：唐朝都城，这里借指北宋都城汴京。❺愁余：使我感到忧愁。❻鹧鸪：鸟名，叫声如“行不得也哥哥”，这里用闻鹧鸪之声来暗示时势艰难。

解说

流经郁孤台的赣江之水，中间流淌着多少难民的眼泪。向西北眺望故都汴京，可惜被无数座山峰阻断视线。

青山挡不住江水，它终究会向东流归大海。黄昏我伫立江边正在为国事忧愁，又听见深山中鹧鸪的声声哀啼。

这是一首登高抒怀之作，以山水起兴，抒发对时局的忧危之感，表达了深深的爱国情思。“青山遮不住，毕竟东流去”两句，饱含感情，富于哲理，表明了词人恢复中原的坚定信念，是千古传诵的佳句。

南宋夏圭绘《长江万里图》（局部）

qīngpíng yuè
清平乐 检校山园，书所见

辛弃疾

lián yún sōng zhú wàn shì cóng jīn zú zhǔ zhàng dōng jiā fēn
连云松竹，万事从今足❶。拄杖东家分

shè ròu bái jiǔ chuáng tóu chū shú
社肉❷，白酒床头初熟❸。

xī fēng lí zǎo shān yuán ér tóng tōu bǎ cháng gān mò
西风梨枣山园❹，儿童偷把长竿❺。莫

qiǎnpáng rén jīng qù lǎo fū jìng chù xián kàn
遣旁人惊去，老夫静处闲看。

注释

❶足：满足，知足。❷分社肉：每当春社日或秋社日，四邻相聚，屠宰牲口来祭社神，然后分享祭社神的肉。❸床头：指酿酒的糟床。初熟：刚酿成。❹西风：秋风。❺把：握，拿。

解说

园中松竹高耸入云，隐居这里，样样事情我都知足。秋社日，拄着拐杖到东家分社肉，正好白酒刚酿成，可以惬意地一醉了。

秋风刮起，山园的梨儿枣子挂满枝头，一群儿童正手握长竿偷打梨、枣。不要派人去惊跑他们，我要在僻静处偷偷地观看。

这首词写作者被免职回到上饶过退隐生活时在园中的所见。上片描写安居乐业的农村生活，下片写儿童顽皮的生活片段。通篇文字朴实，不饰雕琢，表达出词人的宽容慈爱和知足自乐的心情。

清费丹旭绘《婴戏图》

zhè gū tiān
鹧鸪天 鹅湖归，病起作[1]

辛弃疾

zhěn diàn xī táng lěng yù qiū duàn yún yī shuǐ wǎn lái shōu
枕簟溪堂冷欲秋，断云依水晚来收[2]。

hóng lián xiāng yǐ hún rú zuì bái niǎo wú yán dìng zì chóu
红莲相倚浑如醉，白鸟无言定自愁[3]。

shū duō duō qiě xiū xiū yì qiū yí hè yě fēng liú
书咄咄[4]，且休休[5]。一丘一壑也风流[6]。

bù zhī jīn lì shuāi duō shǎo dàn jué xīn lái lǎn shàng lóu
不知筋力衰多少，但觉新来懒上楼。

注释

❶鹅湖：山名，在江西铅山县。❷断云：片云。❸白鸟：白鹭。❹咄咄：叹词，表示惊讶。晋代殷浩遭废职后终日书写“咄咄怪事”四字。❺休休：安闲自得之意。唐代司空图隐居山中，建“休休亭”。❻丘：小丘。壑：深沟。风流：风韵。

清赵之谦绘《荷花图》

解说

在溪边的阁楼上枕着竹席，只觉冷意袭来，秋天将至，飘浮在水面上的片片烟云在落日的余晖中慢慢消失。池塘里的荷花互相倚偎，像喝醉酒的美人儿，堤岸上的白鹭默默无言，一定在独自发愁。

枉自书写“咄咄怪事”，不如暂且安闲自得地休息。一山一水都有风韵。但是一病之后不知筋力衰减了多少，只是觉得近来懒得登楼。

这首词写作者罢职闲居江西铅山期间，游罢鹅湖回来，病后登楼观赏江村晚景而引发的感慨。词人以初秋晚凉的美景自我安慰，觉得年老力衰，担心功业难成，隐含报国无门的忧愤，写得含蓄而委婉。

zhè gū tiān
鹧鸪天 代人赋

辛弃疾

mò shàng róu sāng pò nèn yá dōng lín cán zhǒng yǐ shēng xiē
陌上柔桑破嫩芽❶，东邻蚕种已生些。
pínggǎng xì cǎo míng huáng dú xié rì hán lín diǎn mù yā
平岗细草鸣黄犊❷，斜日寒林点暮鸦❸。
shān yuǎn jìn lù héng xié qīng qí gū jiǔ yǒu rén jiā chéng
山远近，路横斜，青旗沽酒有人家❹。城
zhōng táo lǐ chóu fēng yǔ chūn zài xī tóu jì cài huā
中桃李愁风雨，春在溪头荠菜花❺。

注释

❶陌：田间小路。柔桑：小桑树。破：长出。❷犊：小牛。❸点暮鸦：几只回巢的乌鸦。❹青旗：青布旗，酒店的招牌。沽酒：买酒。❺荠菜：野菜。

解说

田间小路的桑树上已长出嫩芽，东边邻家的蚕种也孵出一些小蚕。山岗上青草细嫩，黄毛小牛欢叫，夕阳西下，几只乌鸦栖息在有几分寒意的林中树梢上。

青山远近不同，道路横斜交叉，一家酒店的酒旗迎风招展。城中的桃李忧风愁雨，只恐春将归去，而田头溪边的荠菜花正迎着风雨盛开，好像春天是属于它们的。

这首词描绘江南农村初春的生活，表达了作者鄙弃城市上层社会的生活，欣赏、留恋农村朴质生活的情感。

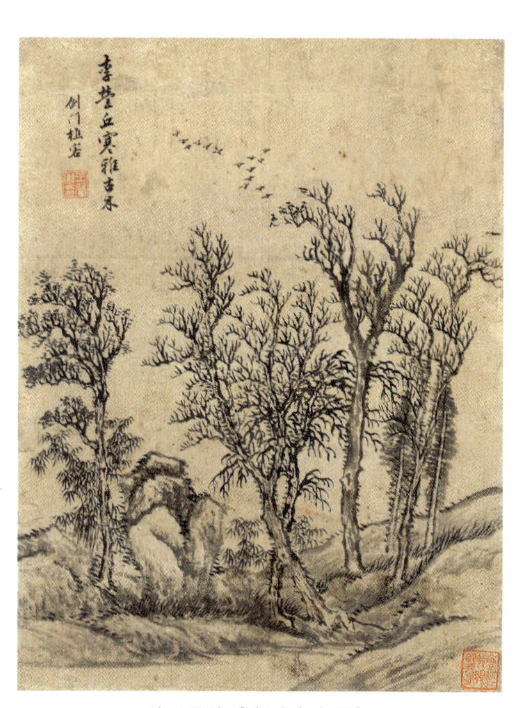

清王翚绘《寒鸦古木图》

生查子 题京口郡治尘表亭❶

shēng zhā zǐ

辛弃疾

yōu yōu wàn shì gōng　kū kū dāng nián kǔ　yú zì rù shēn
悠悠万世功❷，矻矻当年苦❸。鱼自入深

yuān　rén zì jū píng tǔ
渊，人自居平土。

hóng rì yòu xī chén　bái làng cháng dōng qù　bú shì wàng jīn
红日又西沉，白浪长东去。不是望金

shān　wǒ zì sī liáng yǔ
山❹，我自思量禹❺。

注释

❶京口郡治尘表亭：宋代镇江府的官署设在京口，故称京口郡治。尘表亭：镇江亭名，今不存。❷悠悠：遥远的样子。❸矻矻：形容辛勤劳苦的样子。❹金山：原在镇江西北的长江中，现已与南岸连接。❺禹：夏朝的建立者，帝舜时曾亲自指挥治水，经过十三年努力，终于制服洪水。

解说

大禹治水的功绩流芳千古，当年他奔波劳碌多么辛苦。正是由于他的功绩，才使鱼儿归入深渊，人们居住在平地，各得其所。

红日又渐渐西沉，白浪永远向东流去。我站在这亭上不是眺望长江中的金山，而是在思念大禹。

这是一首怀念、歌颂夏禹的小令。上片写夏禹治水的功绩，下片写对夏禹的怀念。作者热情地歌颂大禹治水的历史功绩，抒发了自己报效国家、拯救百姓的伟大抱负。

南宋马麟绘夏禹画像

zhè gū tiān
鹧鸪天

辛弃疾

zhuó yì xún chūn lǎn biàn huí hé rú xìn bù liǎng sān bēi shān
着意寻春懒便回❶，何如信步两三杯。山
cái hǎo chù xíng hái juàn shī wèi chéng shí yǔ zǎo cuī
才好处行还倦，诗未成时雨早催。

xié zhú zhàng gēng máng xié zhū zhū fěn fěn yě hāo kāi shuí
携竹杖，更芒鞋❷，朱朱粉粉野蒿开❸。谁
jiā hán shí guī níng nǚ xiào yǔ róu sāng mò shàng lái
家寒食归宁女❹，笑语柔桑陌上来❺。

注释

❶着意：存心，有意。❷芒鞋：草鞋。❸野蒿：草本植物，有特殊气味，花小。❹寒食：寒食节，在清明节前一日。归宁：已嫁女子回娘家看望父母。❺陌：田间小路。

解说

有意寻访春天的美景，又懒得走，想回去，但哪能像散步或者饮两三杯酒那样随意。才到山上的风景佳处，早已走得疲倦；诗还没有构思好，雨已经在催着交卷。

带着竹杖，换上草鞋出游，看到红红白白的野花争奇斗艳。不知谁家出嫁的女儿寒食节回娘家，笑语盈盈地从长满桑树的小路上走来。

这是作者闲居江西上饶铅山时，写游春时的所见所感。上片写有心游春，却又身心疲惫；下片写出游时看到野花盛开、姑娘笑语盈盈，心情变得愉快起来，似乎从这地头田间寻到了自己喜爱的春意。

清张崟绘《策杖行吟图》

作者简介

程垓（生卒年不详）：南宋词人。字正伯，号书舟，眉山（今属四川）人。其词多写羁旅行役、离愁别绪，情意凄婉。有《书舟词》。

chóu yǐ lán
愁倚阑

程 垓

chūn yóu qiǎn liǔ chū yá xìng chū huā yáng liǔ xìng huā jiāo
春犹浅❶，柳初芽❷，杏初花。杨柳杏花交

yǐng chù yǒu rén jiā
影处，有人家。

yù chuāng míng nuǎn hōng xiá xiǎo píng shàng shuǐ yuǎn shān
玉窗明暖烘霞❸。小屏上、水远山

xié zuó yè jiǔ duō chūn shuì zhòng mò jīng tā
斜。昨夜酒多春睡重，莫惊他。

注释

❶犹：还。❷芽：绽出嫩芽。❸玉窗：窗的美称。烘：用火烤。

解说

初春时节，柳条刚绽出新芽，杏树也才开花。绿柳和红杏交映的地方，有一户人家。

精美的窗内明亮煦暖，春气融融，霞光斜照。室内的屏风上，画着“水远山斜”的风景画。主人公因为昨夜多喝了几杯，还在酣睡呢，不要惊动他。

近代吴征绘《杏花杨柳图》

这是一首描写初春景色的小令。词由室外写到室内，层层铺排，布置好一个优美的环境后才点出主人公，如画龙点睛一样巧妙。词作语言晓畅自然，写得富有诗情画意，情趣盎然。

作者简介

张镃（1153~1221）：字功甫，号约斋，西秦（今属陕西）人。南宋名将张浚曾孙，工诗善画，词最著名。有《南湖集》、《玉照堂词》。

zhāo jūn yuàn

昭君怨 园池夜泛

张　镃

yuè zài bì xū zhōng zhù　rén xiàng luàn hé zhōng qù　huā qì
月在碧虚中住❶，人向乱荷中去。花气
zá fēngliáng　mǎnchuánxiāng
杂风凉，满船香。

yún bèi gē shēng yáo dòng　jiǔ bèi shī qíng duō sòng　zuì lǐ wò
云被歌声摇动，酒被诗情掇送❷。醉里卧
huā xīn　yōnghóng qīn
花心❸，拥红衾❹。

宋佚名绘《荷塘泛月图》

注释

❶碧虚：一般指碧空，这里指碧水。❷掇送：催逼。❸卧花心：人卧船中，四周是荷花，人如同卧在花心。❹衾：被子。

解说

月亮住在池塘的碧水中，游人乘船向纷乱的荷花中划去。凉风夹杂着荷花的清香吹来，满船香气。

倒映水底的云彩随着歌声晃动，诗情勃发助酒兴。酒醉后躺在荷花中间，身体被红荷遮掩，就像盖着红色的被子。

这首词描写夏夜泛舟荷花池的情景。上片描绘月夜入荷池，清风送香气；下片写船中游人的活动。全词动静结合，声色俱美，画面清丽，自然动人。

清叶衍兰绘姜夔画像

作者简介

姜夔（约1155~1209）：南宋词人、音乐家。字尧章，号白石道人。饶州鄱阳（今属江西）人，一生未入仕途。工诗，尤以词著称，且精通音乐。喜欢自创新调，重格律，音节谐美。多为写景咏物及记述客游之作，《扬州慢》等作品，感时伤事，情调较为低沉。有《白石道人歌曲》、《白石道人诗集》等。

yángzhōu màn

扬州慢

姜　夔

huái zuǒ míng dū　zhú xī jiā chù　jiě ān shǎo zhù chū
淮左名都[1]，竹西佳处[2]，解鞍少驻初
chéng　guò chūn fēng shí lǐ　jìn jì mài qīng qīng　zì hú
程[3]。过春风十里[4]，尽荠麦青青[5]。自胡
mǎ kuī jiāng qù hòu　fèi chí qiáo mù　yóu yàn yán bīng　jiàn huáng
马窥江去后[6]，废池乔木[7]，犹厌言兵。渐黄
hūn　qīng jiǎo chuī hán　dōu zài kōng chéng
昏，清角吹寒[8]，都在空城。

dù láng jùn shǎng　suàn ér jīn　chóng dào xū jīng　zòng dòu kòu
杜郎俊赏[9]，算而今、重到须惊。纵豆蔻
cí gōng　qīng lóu mèng hǎo　nán fù
词工[10]，青楼梦好[11]，难赋
shēn qíng　èr shí sì qiáo réng zài　bō
深情。二十四桥仍在[12]，波
xīn dàng　lěng yuè wú shēng　niàn qiáo biān hóng
心荡、冷月无声。念桥边红
yào　nián nián zhī wèi shuí shēng
药[13]，年年知为谁生[14]！

清郎世宁绘《芍药图》

注释

❶淮左：淮水东面。扬州宋朝属淮南东路。❷竹西：扬州禅智寺侧有竹西亭，环境清幽。❸少驻：稍作停留。❹春风十里：指扬州繁华的街道，因杜牧有诗"春风十里扬州路"故称。❺荠麦：野生的麦子。❻胡马窥江：指金兵侵扰到长江附近。❼废池乔木：破坏的城池和古树。❽清角：曲调凄凉的号角声。❾杜郎：指唐代诗人杜牧。俊赏：出色的鉴赏。❿豆蔻：植物名，这里比喻少女。杜牧《赠别》："娉娉袅袅十三余，豆蔻梢头二月初。"⓫青楼：妓院，杜牧《遣怀》诗中有"十年一觉扬州梦，赢得青楼薄幸名"句。⓬二十四桥：扬州名胜，传说有二十四位美人吹箫于此而得名。杜牧《寄扬州韩绰判官》诗中有"二十四桥明月在，玉人何处教吹箫"句。⓭红药：红色的芍药花。⓮为谁生：为谁生长。

清人绘杜牧画像

解说

扬州是淮东地区著名的都会，在城内竹西亭这个风景优美的地方，下马稍作停留。昔日繁华的扬州街道，都被眼前青青的野麦取代。自从金兵渡江南侵之后，剩下的只有废池和老树，至今百姓还都厌恶谈论战争。天渐黄昏，凄清的号角带来寒意，回荡在这劫后的城市。

杜牧曾在这里游赏，写过许多歌咏诗篇，估计他重回扬州也要大吃一惊！纵使有写"豆蔻"、"青楼梦"诗的才华，也难以表达我此时悲怆的心情。从前的二十四桥还在，寒月倒映在微波摇荡的水中，无声无息。不知桥边红红的芍药花，年复一年为谁盛开！

清袁耀绘《扬州四景》之《春台明月》

作者路过扬州，目睹战争后的萧条景象，抚今追昔，写下这首伤感之词。词人用今昔对比的手法，真实地写出扬州遭战争破坏的惨景，抒发了难言的悲怆与伤感，表达了对山河残破的哀思。

作者简介

俞国宝（生卒年不详）：南宋诗人。抚州临川（今江西抚州）人，淳熙间为太学生。性格豪放，曾游览名山大川，饮酒赋诗，留下不少锦词佳篇。有《醒庵遗珠集》。

fēng rù sōng

风入松

俞国宝

yì chūn cháng fèi mǎi huā qián　rì rì zuì hú biān　yù cōng guàn
一春长费买花钱，日日醉湖边。玉骢惯

shí xī hú lù　jiāo sī guò　gū jiǔ lóu qián　hóng xìng xiāng zhōng
识西湖路[1]，骄嘶过、沽酒楼前[2]。红杏香中

xiāo gǔ　lǜ yáng yǐng lǐ qiū qiān
箫鼓，绿杨影里秋千。

nuǎn fēng shí
暖风十

lǐ lì rén tiān　huā
里丽人天[3]，花

yā bìn yún piān　huà
压鬓云偏[4]。画

chuán zài qǔ chūn guī
船载取春归

qù　yú qíng fù
去，余情付、

hú shuǐ hú yān　míng
湖水湖烟。明

rì chóng fú cán zuì
日重扶残醉，

lái xún mò shàng huā diàn
来寻陌上花钿[5]。

南宋佚名绘《春游晚归图》

注释

❶玉骢：毛色青白相杂的马。❷骄：放纵。❸丽人天：指美人出游的艳阳天。❹鬓云：如云鬓发。❺陌：小路。花钿：金翠珠宝等制成的花形首饰。借指丽人。

解说

整个春天，常常花费买花钱，天天沉醉在美丽的西湖边。骑的马儿已认识去西湖的道路，走过酒楼前放纵嘶鸣。湖畔烂漫的花香里，箫鼓乐奏之声不绝于耳；杨柳的翠绿丛中，时有秋千荡起。

春风送暖，正是美人出游的艳阳天，她们头上的鲜花把乌黑的鬓发压偏。画船载着春光归去，未尽的情致都留给湖面上的雾气岚烟。明天带着残存的醉意再来，也许小路上还有美人遗落的珠玉花钿呢！

这首词好似一幅杭州西湖的春游图，也是南宋苟安江南，醉生梦死的写照。该词词风香艳绮丽，情致浓重，近于淡雅，颇具特色。

清钱维城绘《西湖三十二景图》之《苏堤春晓》

作者简介

高观国（生卒年不详）：南宋词人。字宾王，号竹屋，山阴（今浙江绍兴）人。长于咏物。张炎将其词与姜夔、吴文英、史达祖并称。有《竹屋痴语》。

菩萨蛮（pú sà mán） 苏堤芙蓉[1]

高观国

红云半压秋波碧，艳妆泣露娇啼色。佳梦入仙城[2]，风流石曼卿。
(hóng yún bàn yā qiū bō bì, yàn zhuāng qì lù jiāo tí sè. jiā mèng rù xiānchéng, fēng liú shí mànqīng.)

宫袍呼醉醒，休卷西风锦。明日粉香残，六朝烟水寒[3]。
(gōng páo hū zuì xǐng, xiū juǎn xī fēng jǐn. míng rì fěn xiāng cán, liù cháo yān shuǐ hán.)

注释

❶苏堤：杭州西湖中里湖和外湖间的长堤。❷佳梦入仙城：传说宋代诗豪石延年（字曼卿）死后为鬼仙，为芙蓉城主，其朋友在梦中见有美女三十多人在列队迎候他。❸六朝：三国到隋之间的东吴、东晋和南朝的宋、齐、梁、陈等都以建康（今江苏南京）为都城，史称“六朝”，历时三百余年。

明周之冕绘《荷花图》

解说

盛开的荷花，如半天的红云压在秋日西湖澄澈的碧波上，带露的荷花娇艳欲滴，仿佛美人含泪的容颜。这是梦境中的芙蓉城吧，而我就是被仙子迎接的石曼卿。

身上的官袍不容我久久在此流连，祈愿西风不要将这锦绣的美景吹落。明日一旦花落香残，湖上就只有寒水浮烟了。

词人用丰富的想象和拟人的手法写荷花，通过花开花残，寓六朝交替，饱含了作者对国家前途的忧虑。

gēng lòu zǐ
更漏子

高观国

yù xiāo xián qīng yùn yè rén yǐ huà lán chóu jué yún nǎo
玉箫闲❶，清韵咽❷。人倚画阑愁绝。云恼

yuè yuè xiū yún bàn xī méi yǐng hūn
月，月羞云。半溪梅影昏。

hèn chūn fēng xiāo sàn hòu yè yè shǔ cán gēng lòu qíng
恨春风，萧散后❸。夜夜数残更漏❹。情

qiāo qiāo sī yī yī tiān hán yí yàn fēi
悄悄❺，思依依。天寒一雁飞。

清费丹旭绘《月下吹箫图》

注释

❶闲：悠闲。形容吹箫者的神态。❷咽：形容箫声低沉。❸萧散：疏散。❹残更：后半夜，天将亮时。漏：古代滴水计时的器具。❺悄悄：忧愁的样子。

解说

悠闲地吹着玉箫，箫声低沉悲咽。人倚在画阑旁，愁苦到了极点。天上的流云恼恨圆月，月亮怕羞似地躲在云后。溪水上梅花的影子半明半暗。

恼人的春风过后，我愁闷难眠。夜夜将更漏数尽。思念的愁情悠悠不断。寒冷的天空中，一只孤雁悲鸣着飞向远方。

这是一幅动人的孤夜思人图。上片勾画出月夜凄凉的景致，下片直抒怀人之情。全词意境凄清幽远，情、景、意和谐地融为一体，空阔渺远的画面，留下无尽的意蕴。

作者简介

吴文英（约1212~约1272）：南宋词人。字君特，号梦窗、觉翁，四明（今浙江宁波）人。其词或表现上层的豪华生活，或抒写颓唐伤感的情绪。字句工丽，音律和谐，喜堆砌典故辞藻。有《梦窗集》。

huàn xī shā

浣溪沙

吴文英

mén gé huā shēn mèng jiù yóu　xī yáng wú yǔ yàn guī chóu　yù xiān xiāng dòng xiǎo lián gōu

门隔花深梦旧游❶，夕阳无语燕归愁。玉纤香动小帘钩❷。

luò xù wú shēng chūn duò lèi　xíng yún yǒu yǐng yuè hán xiū　dōng fēng lín yè lěng yú qiū

落絮无声春堕泪❸，行云有影月含羞。东风临夜冷于秋❹。

清沙馥绘《桐月怀人图》

注释

❶旧游：旧时的冶游之处。❷玉纤：洁白如玉的美人之手。❸堕泪：落泪，垂泪。❹于：比。

解说

房门遮掩，花径幽深，梦境中我又来到从前来过的地方；斜阳默默无言地向西边沉去，归来的燕子仿佛带着万般忧愁。孤寂的美人用纤纤素手轻轻放下门帘。

柳絮无声地飘落，春天也伤心垂泪，月亮含羞地躲进浮云的身影里。料峭的春风比萧瑟的秋风还要凄冷。

这是一首怀人感梦之作，上片写梦中与情人惜别的伤心情景，下片抒发梦醒后的忧愁之情。作者借梦写情，更见情痴，写得不落俗套，从而使全诗笼罩着凄凉的离愁别绪。

zhè gū tiān

鹧鸪天 化度寺作[1]

吴文英

chí shàng hóng yī bàn yǐ lán qī yā cháng dài xī yáng huán
池上红衣伴倚阑[2]，栖鸦常带夕阳还。

yīn yún dù yǔ shū tóng luò míng yuè shēng liáng bǎo shàn xián
殷云度雨疏桐落[3]，明月生凉宝扇闲。

xiāng mèng zhǎi shuǐ tiān kuān xiǎo chuāng chóu dài dàn qiū shān
乡梦窄[4]，水天宽，小窗愁黛淡秋山[5]。

wú hóng hǎo wèi chuán guī xìn yáng liǔ chāng mén wū shù jiān
吴鸿好为传归信[6]，杨柳阊门屋数间[7]。

清溪冈绘《烟树归鸦图》

注释

❶化度寺：佛寺名，在杭州西部江涨桥附近。❷红衣：指荷花。倚栏：凭靠在栏杆上。❸殷云：浓云。❹乡梦窄：思乡的梦太短。❺愁黛：愁眉。❻吴鸿：指苏州一带飞来的大雁。比喻信使。❼阊门：苏州西门。这里指作者妻子所居之处。

解说

池上荷花伴我凭栏远望，乌鸦总是身披夕阳的余晖飞还。浓云密雨中稀疏的梧桐叶飘落，明月洒下一片凉意，宝扇已闲置不用。

思乡的美梦短暂，水天浩荡广阔无边，独自倚在小窗前，愁容如远山的秋色般惨淡。愿吴地的鸿雁为我传递家书，带到阊门杨柳下的小屋里。

这是作者客居杭州化度寺时的思亲之作。上片写傍晚凭栏眺望所见的凄凉秋景，下片写对妻子的怀念。词作情景交融，尤其最后一句对家园景致的回忆，更显情真意切。

作者简介

蒋捷（约1245~1305后）：南宋词人。字胜欲，世称竹山先生，常州宜兴（今属江苏）人。宋亡后隐居不仕。其词颇多追昔伤今之作，词风豪爽。有《竹山词》。

yú měi rén

虞美人 听雨

蒋 捷

shào nián tīng yǔ gē lóu shàng hóng zhú hūn luó zhàng zhuàng nián
少年听雨歌楼上，红烛昏罗帐❶。壮年

tīng yǔ kè zhōu zhōng jiāng kuò yún dī duàn yàn jiào xī fēng
听雨客舟中，江阔云低、断雁叫西风❷。

ér jīn tīng yǔ sēng lú xià bìn yǐ xīng xīng yě bēi huān
而今听雨僧庐下❸，鬓已星星也❹。悲欢

lí hé zǒng wú qíng yí rèn jiē qián diǎn dī dào tiān míng
离合总无情，一任阶前、点滴到天明。

注释

❶昏：暗。❷断雁：失群的孤雁。❸僧庐：僧房。❹星星：形容头发花白。

解说

少年时期在歌楼上听雨，红烛照映下罗帐显得有些昏暗。壮年时期在客船中听雨，江面宽阔，云脚低垂，失群的孤雁在秋风中哀鸣。

如今在庙宇里听雨，两鬓已经花白。人世间的悲欢离合总是那么无情，今夜只得听任台阶前的雨声点点滴滴直到天明。

这首词通过对听雨的描写，概括了词人少年、壮年、晚年三个时期经历的不同场景和不同心情。上片感怀已逝的岁月，下片慨叹目前的境况。作者人生阶段的不同际遇，正是那个时代变化的反映。

清袁耀绘《画船听雨》